LEKTÜRESCHLÜSSEL FÜR SCHÜLER

Gerhart Hauptmann
Die Weber

Von Michael Mommert

Philipp Reclam jun. Stuttgart

RECLAMS UNIVERSAL-BIBLIOTHEK Nr. 15368
Alle Rechte vorbehalten
© 2006 Philipp Reclam jun. GmbH & Co., Stuttgart
Gesamtherstellung: Reclam, Ditzingen
Printed in Germany 2006
RECLAM, UNIVERSAL-BIBLIOTHEK und
RECLAMS UNIVERSAL-BIBLIOTHEK sind eingetragene
Marken der Philipp Reclam jun. GmbH & Co., Stuttgart
ISBN-13: 978-3-15-015368-0
ISBN-10: 3-15-015368-9

www.reclam.de

Inhalt

1. Erstinformation zum Werk **5**
2. Inhalt **12**
3. Figurenkonstellation **18**
4. Schauplätze und Zeitverlauf **22**
5. Wort- und Sacherläuterungen **25**
6. Interpretation **54**
7. Autor und Zeit **64**
8. Rezeption **76**
9. Checkliste **82**
10. Lektüretipps/Filmempfehlungen **87**

Anmerkungen **90**

Raum für Notizen **91**

1. Erstinformation zum Werk

In der Spielzeit 1894/95 ließ Kaiser Wilhelm II. seine Loge im Deutschen Theater in Berlin kündigen, um seinen allerhöchsten Unwillen auszudrücken (und um das Theater wirtschaftlich zu schädigen). Er protestierte damit gegen die Aufführung des Schauspiels *Die Weber* von Gerhart Hauptmann (25. 9. 1894). Der Autor war ein Altersgenosse des Kaisers (drei Jahre jünger als dieser) und befand sich nach Jahren schulischer und beruflicher Schwierigkeiten und der Unsicherheit über seine künstlerische Berufung und Begabung auf einem ersten Schaffenshöhepunkt. Seit 1889 waren in rascher Folge an wichtigen Berliner Bühnen sieben Stücke von ihm uraufgeführt worden. Schon das erste (*Vor Sonnenaufgang*, 1889) hatte einen der größten Skandale in der Berliner Theatergeschichte ausgelöst. Auch die meisten anderen Stücke enthielten, was der Kaiser und die, deren gesellschaftspolitischen und ästhetischen Urteilen er folgte, aufs Schärfste ablehnten:

> Theaterskandal und erste Erfolge

- eine krass-realistische Darstellung von Alltagswirklichkeit,
- das Zeigen von Elend und sittlichem Verfall auf der Bühne,
- die Thematisierung von biologischem und Milieu-Determinismus (Erbkrankheiten, Alkoholismus),
- die Entlarvung von Lebenslügen sowie
- eine Analyse, wie die gesellschaftliche und wirtschaftliche Lage die Lebenswirklichkeit der Menschen bestimmt.

Ein vom Berliner Polizeipräsidenten erlassenes Aufführungsverbot hatte der Regisseur, Theatergründer und -leiter Otto Brahm, mit dem Hauptmann befreundet war, zunächst unterlaufen, indem er *Die Weber* in einer geschlossenen Vorstellung des Vereins »Freie Bühne« aufführte (Februar 1893). Im Prinzip war nämlich nach der Revolution von 1848 auch in Preußen die Zensur abgeschafft und in die Verfassung von 1850 die »Preßfreiheit« aufgenommen worden. Die Theater als Orte öffentlicher Veranstaltungen unterstanden aber der Polizeiaufsicht. Vor der Aufführung mussten die Stücktexte vorgelegt werden, und es wurde geprüft, ob sicherheits (oder sitten)polizeiliche Bedenken bestanden. Zensurmaßnahmen konnten sich nur gegen eine befürchtete Störung der öffentlichen Ordnung richten (und die war in einer geschlossenen Vorstellung nicht gefährdet). Folgerichtig argumentierte das Berliner Oberverwaltungsgericht am Ende eines langen, gegen das Zensurverbot geführten Prozesses auch nicht mit dem Inhalt des Stückes, sondern damit, dass die Eintrittspreise im Deutschen Theater so hoch seien, dass von einem Publikum, das sie sich leisten könne, keine Gefahr einer gewaltsamen Erhebung ausgehe.

Es gab 1894 auch keinen Theaterskandal wie fünf Jahre vorher bei der Aufführung von *Vor Sonnenaufgang*, aber doch eine nachhaltige Wirkung. Die Theaterchronik vermerkt: »Stürmische Kundgebungen! Als ein Ereignis von politischer Bedeutung betrachtet!«[1] Der Kaiser hatte also das Stück, das er nur aus zweiter Hand kannte, grundsätzlich genauso verstanden wie das Premierenpublikum, nur dass er mit seiner politischen Verurteilung anders darauf reagierte. Wer mit seiner Deutung Recht hatte, ist eine schwer zu entscheidende Frage. Die zeitgenössische Rezeption war durch die Vorgeschichte der Premieren politisiert und nahm Hauptmanns Drama als ein politisches Kampfstück wahr. Das lässt sich bis heute nur schwer vom »Stück an sich« trennen.

Hauptmann hatte während des Verbotsprozesses durch seinen Anwalt erklären lassen, dass es ihm vollständig fern gelegen habe, mit den *Webern* eine sozialdemokratische Parteischrift zu verfassen, in einer derartigen Absicht sähe er eine Herabwürdigung der Kunst; nur die christliche und allgemein menschliche Empfindung, die man Mitleid nennt, habe ihm sein Drama schaffen helfen.[2] Das kann eine aufrichtige Darstellung der Verfasserintention sein, aber auch der taktische Versuch, durch Herausstellen unpolitischer Aspekte das Gericht zu beeinflussen. Ob Interpreten oder Regisseure die *Weber* als Mitleidsdrama lesen/inszenieren oder als sozialrevolutionäres Stück, hängt genau von der Vorentscheidung ab, ob sie dem Autor, der seinen Anwalt instruiert, oder dem Premierenpublikum, das die Zeitstimmung kennt und widerspiegelt, mehr glauben und dem einen oder dem anderen folgen. Für beide Deutungen lassen sich dann verhältnismäßig leicht weitere Belege (in anderen Texten des Dichters, in Äußerungen seiner Freunde und der zeitgenössischen Kritiker) finden.

> Mitleidsdrama oder sozialrevolutionäres Stück?

Mit dem *Weber*-Stoff hat sich Hauptmann nach eigenen Angaben zuerst 1888 während eines längeren Besuches bei seinem Bruder Carl in Zürich beschäftigt. Die Ausarbeitung zum Theaterstück beginnt er 1890 in Berlin. Die erste (Dialekt-)Fassung beendet Hauptmann 1891 an seinem neuen Wohnort Schreiberhau im Riesengebirge. Bis zum Frühjahr 1892 erarbeitet er eine sprachlich dem Hochdeutschen angenäherte Fassung. Der Antrag auf Freigabe zur Aufführung wird – wie bei der Dialektfassung ein Jahr vorher – von der Zensurbehörde Anfang 1893 abgelehnt. Im September 1893 folgt die schon erwähnte Erstaufführung in geschlossener Vorstellung. Weitere Aufführungen in Theatervereinen und im Ausland schließen sich an. Erst im September 1894 gibt es die erste öffentliche Aufführung in Deutschland.

> 1893 erste Aufführung – 1894 öffentliche Premiere

Hauptmann hat – wie die Widmung an den Vater und in der Widmung die Erwähnung des Großvaters zeigen – am *Weber*-Stoff mit hoher persönlicher Anteilnahme gearbeitet. Die väterlichen Vorfahren waren Häusler, Weber und Kleinhändler gewesen. Der Vater hatte als wandernder Handwerksgeselle 1848 in Paris die Februarrevolution erlebt, sich für ihre Ideale begeistert und später der Familie immer wieder davon erzählt.

> Persönliche Anteilnahme – sachliches Quellenstudium

Gemäß einer Grundüberzeugung des Naturalismus, dass künstlerische Wahrheit durch naturgetreue Abbildung der Wirklichkeit erreicht werden kann, betreibt Hauptmann eine sorgfältige Erforschung des schlesischen Weberaufstandes von 1844. Er korrespondiert mit einem volkswirtschaftlich gebildeten Freund und lässt sich von ihm Literaturhinweise zum Weberaufstand geben. Während der Arbeit am Drama bereist Hauptmann zweimal das Eulengebirge, spricht mit Augenzeugen der fast ein halbes Jahrhundert zurückliegenden Ereignisse, besichtigt die Aufstandsorte und kann selbst beobachten, dass die elende Lage der Heimweber sich nicht wesentlich gebessert hat. Während Hauptmann an seinem Stück arbeitet, erscheinen mehrere Zeitungsartikel, in denen am Beispiel der schlesischen Weber die soziale Frage erörtert wird. Hauptmann hat sie ausgeschnitten und bei seinen Manuskripten aufbewahrt.

Bemerkenswerterweise sind schon in den wichtigsten zeitgenössischen Quellentexten zum Weberaufstand sowohl die Mitleidsthematik als auch die sozialrevolutionäre Analyse angelegt. Der Breslauer Regierungs-Assessor A. Schneer bereist wenige Wochen vor dem Aufstand als Mitglied und im Auftrage eines »Vereins zur Abhilfe der Not unter den Webern und Spinnern Schlesiens« die Zentren der schlesischen Weberei. Er kann sich auf amtliche Quellen stützen. Vor allem aber besucht er viele Weberhäuser und spricht mit den Leuten. Als Ergebnis seiner Untersuchung stellt er heraus, dass das Weberelend viel größer ist, als die öffentliche Meinung wahrhaben will und die Behörden bisher eingeräumt haben. Sein Lösungsvorschlag zielt auf eine Aktivierung behördlicher und privater Hilfsmaßnahmen. Der Sozialist W. Wolff (Karl Marx hat ihm den ersten Band des *Kapitals* gewidmet) sucht das Aufstandsgebiet unmittelbar nach der Niederschlagung des Aufstandes auf. Sein Jahrbuch-Artikel *Das Elend und der Aufstand in Schlesien* enthält eine auf Befragung glaubwürdiger Zeugen gestützte Darstellung des Aufstandsverlaufs von Tag zu Tag. Darüber hinaus analysiert Wolff den sozialen Konflikt mit einem neuen Begriffsinstrumentarium (Monopol der Kapitalisten gegen Klasse der Proletarier) und sieht Lösungsmöglichkeiten nur in einer Umgestaltung der Gesellschaft nach den Prinzipien der Solidarität und Gerechtigkeit. Beiden Texten (und wenigen anderen Quellen wie dem offiziösen Standardwerk *Blüte und Verfall des Leinengewerbes in Schlesien* von A. Zimmermann 1885) entnimmt Hauptmann die sachlich grundlegenden Züge seines Dramas (Zeitablauf und räumliche Dynamik, Verhaftung und Befreiung eines Wortführers der Weber, Erstürmung von Fabrikantenvillen und Warenlagern, Rolle des Weberliedes, Anfangserfolge der Weber gegenüber dem Militär). Auch bei einer Fülle von Details (von Eigennamen und der Beschreibung von Kleiderelend und Krankheitsbildern bis zu einzelnen charakteristischen Aussprüchen) hat man z. T. wörtliche Übernahmen aus den Quellen nachweisen können. Trotzdem ist das ganze Drama allein Hauptmanns Werk. Alle Stoffe und Figuren sind durch sein Temperament gesehen. Die Gestaltung spannender Szenen und effektvoller Aktschlüsse, das Prinzip der Steigerung, das das Drama durchzieht, die Erschaffung der Charaktere aus ihrer Sprechweise, die formale Verdichtung durch Querverweise und Leitmotive sind Hauptmanns künstlerische Leistung.

Historische Treue und künstlerische Selbstständigkeit

Eine der Aufgaben von Literatur ist es, Forum zu sein für das Gespräch innerhalb einer Gesellschaft. In diesem Sinne hat Hauptmann, obwohl die dargestellten Ereignisse rund 50 Jahre zurückliegen, kein Historiendrama, sondern ein absolut modernes Stück geschrieben.

Die Fragen, wie die Lage der Arbeiterklasse gebessert werden könne, welches dabei das wichtigste Ziel sei – Hebung des Lebensstandards oder politische Emanzipation –, ob und wie die Gefahr eines revolutionären Umsturzes gebannt werden könne: das waren die wichtigsten innenpolitischen Themen im jungen Deutschen Kaiserreich. Das Sozialistengesetz (staatliche Unterdrückungsmaßnahmen gegenüber Gewerkschaften und sozialistischen Parteien, zuerst 1878) war zwar 1890 vom Reichstag nicht mehr erneuert worden, seine Nachwirkungen aber noch deutlich spürbar. Die Bismarck'schen Sozialgesetze (bis 1889) und das vorübergehende Interesse des Kaisers an Arbeiterschutzmaßnahmen (um 1890) hatten zwar die wirtschaftliche und soziale Lage der Arbeiter verbessert, aber das Ziel, die wachsende Arbeiterschaft in die bestehende Wirtschafts- und Gesellschaftsordnung zu integrieren und an den monarchischen Staat zu binden, verfehlt.

In seiner Berliner Zeit (1885–91) gehörte Hauptmann einem Kreis von jungen Künstlern an, die bewusst gewollte künstlerische Modernität mit gesellschaftskritischem Engagement verbanden. Das soziale Drama – sagt Hauptmann selbst – lag in der Luft.[3] *Die Weber* sind nicht das erste Exemplar dieser Gattung, aber ohne Frage mit weitem Abstand das bedeutendste, in dem es Hauptmann gelungen ist, die sozialen Konflikte des 19. Jahrhunderts in einem vollendeten künstlerischen Ausdruck widerzuspiegeln.

Das soziale Drama

2. Inhalt

Erster Akt. Am Warenannahmetag im Betrieb des Textilfabrikanten Dreißiger in Peterswaldau bringen viele Weber – auch Frauen und Kinder – die Stoffe, die sie in Heimarbeit gewebt haben. Der Lohn richtet sich danach, wie der Firmenangestellte Pfeiffer, ein ehemaliger Weber, die Qualität der Arbeit beurteilt. Pfeiffer genießt seine Machtstellung und drückt den Lohn, wo er kann. Unzufriedenen droht er mit einem Hinweis auf die Menge arbeitsuchender Weber.

Aus den Schilderungen der Notlagen, mit denen die Weber ihre Bitten um Vorschuss begründen, und aus den Gesprächen, die sie während des Wartens miteinander führen, geht das ganze Ausmaß ihres Elends hervor: Hunger, Krankheit, Siechtum, Verschuldung. Der eine (Baumert) hat ein zugelaufenes Hündchen schlachten lassen, der andere freut sich über ein paar Handvoll Graupen aus einem aufgeplatzten Sack, die er von der Straße hat auflesen können.

> *Not und Unterdrückung*

Ein junger Weber (Bäcker) tritt im Unterschied zu den unterwürfigen oder resignierten anderen selbstbewusst auf. Obwohl er den vollen Lohn erhält, kritisiert er den Betrag als unangemessen niedrig. Bei dem darüber entstehenden Wortwechsel ruft Pfeiffer den Fabrikanten Dreißiger zu Hilfe. Dreißiger erkennt in Bäcker einen der Leute, die vor seinem Haus ein namentlich auf ihn und andere Fabrikanten gemünztes Spott- und Anklagelied gesungen haben. Bäcker wird ausbezahlt und verliert seine Arbeit.

> *Erster Widerstand*

Ein achtjähriger Junge, der Ware (fertig gewebte Stoffballen) gebracht hat, wird vor Hunger ohnmächtig. Dreißiger ist zunächst bestürzt, dann klagt er die Unvernunft der Eltern an, bagatellisiert die Webernot allgemein, wirbt um Verständnis für seine schwierige Lage als Fabrikant, lässt sich bestätigen, dass man als fleißiger Weber bei ihm sein Auskommen finden könne, und kündigt neue Arbeitsmöglichkeiten an, allerdings – was erst später von Pfeiffer mitgeteilt wird – zu einem niedrigeren Lohn. Bei seinem Abgang lässt Dreißiger die Weber in einem unauflösbaren Zirkel zurück. Von Pfeiffer sind sie bei Bitten um Vorschuss an (den scheinbar unerreichbaren) Dreißiger verwiesen worden, weil nur der darüber entscheiden könne. Der nun zufällig doch anwesende Dreißiger verweist sie an Pfeiffer als den für Detailfragen Zuständigen zurück.

Zweiter Akt. In einem Gebirgsdorf oberhalb von Peterswaldau warten am Abend des Liefertages die Angehörigen des Webers Baumert in ihrer ärmlichen Stube auf die Rückkehr des Familienvaters. Eine Nachbarin – es ist die Mutter des ohnmächtig gewordenen Jungen – kommt, um eine Fußverletzung behandeln zu lassen, vor allem aber, um einen Vorwand zu haben, etwas Mehl zu erbitten. Baumerts können ihr nichts geben, weil sie selbst nichts haben. Auf dem Heimweg hat Baumert einen jungen Mann aus dem Dorf, Moritz Jäger, getroffen, der gerade seinen Militärdienst beendet hat, und bringt ihn mit. Stolz führt Jäger seine vom Sold erworbenen Reichtümer vor: schmucke Kleidung, eine Taschenuhr, einen gefüllten Flachmann, dazu zehn Taler im Portemonnaie. Der Häusler Ansorge, der Besitzer des zerfallenen und mit Schulden belasteten Hauses, in dem er und die Baumerts wohnen, kommt dazu. Während jede Partei für sich ihr Essen am einzigen Ofen zubereitet, kreist das Gespräch um

Elendsbilder

die sich ständig verschlechternde Lage der Weber und Häusler. Jäger, der durch den Militärdienst aus der dörflichen Enge herausgekommen ist, kann als Kontrast dazu vom demonstrativen Reichtum der Fabrikanten in den Städten berichten. Während Ansorge und Baumert resignieren (der König müsste Bescheid wissen, jemand müsste die Sache der Weber in die Hand nehmen), gibt sich Jäger kämpferisch. Wenn die Weber zusammenhielten und energisch aufträten, könnten sie ihre Ziele schon erreichen. Er trägt Strophen des »Dreißigerliedes« oder »Blutgerichts« vor, das er zusammen mit Bäcker dem Fabrikanten provozierend vorgetragen hat. Ansorge und Baumert sind durch die Treffsicherheit, mit der das Lied ihre Situation erfasst, aufgewühlt und erschüttert.

> Das Weberlied

Dritter Akt. Etwa eine Woche später treffen im Dorfgasthaus von Peterswaldau verschiedene Einzelpersonen und Gruppen aufeinander. Die Atmosphäre ist gespannt; denn an diesem Liefertag wird erstmals Garn an die 200 von Dreißiger neu angenommenen, geringer entlohnten Weber ausgegeben. Die Gespräche offenbaren die Spannungen zwischen den Gruppen. Die Weber und der ihre Welt genau kennende Hausierer Hornig schildern ihre Armut, Arbeitsplage und Unterdrückung. Der herrschaftliche Förster, die Bauern und der Tischler, der als Sargtischler recht gut am Weberelend verdient, stellen die Weber als faul, diebisch, untüchtig und ständig Kinder in die Welt setzend dar. Ein Konfektionsreisender versucht mit der Gastwirtstochter anzubändeln. Anknüpfend an seine Komplimente, wie sie mit ihrer Schönheit in der guten Gesellschaft Erfolg haben würde, werden Beispiele für sozialen Aufstieg – u. a.

> Oben gegen Unten

durch Heirat, wie bei der ehemaligen Wirtstochter, Frau Dreißiger – und das allgemein menschliche Bedürfnis, höher und voran zu kommen, erörtert. Der Aufwand bei einer Beerdigung, die der Reisende beobachtet hat, scheint ihm nicht zu den Elendsberichten aus den Zeitungen zu passen. Der Tischler klärt ihn auf, dass übertriebene Ahnenfrömmigkeit die Weber bei Leichenbegängnissen zu so hohen Ausgaben veranlasst. Ebenfalls in den Zeitungen zu lesende beschönigende Regierungsberichte werden von Hornig als nicht sorgfältig recherchiert widerlegt. Zu einer besonderen Konfrontation kommt es zwischen dem Schmied Wittig und dem Dorfpolizisten Kutsche. Wittig ist dem ein Kind wegen eines Mundraubs verprügelnden Polizisten in den Arm gefallen. Seitdem stachelt Kutsche die Kunden Wittigs zum Auftragsboykott auf. Wittig gibt sich revolutionsbegeistert und kriegserfahren. Nach seiner Überzeugung ist eine Besserung der Lage der Weber im Guten nicht zu erreichen. Geführt von Jäger und Bäcker und das Dreißigerlied trotz des von Kutsche verkündeten Verbots der Obrigkeit singend, kommt eine Schar junger Weber in das Wirtshaus. Sie ziehen bald weiter, um bei Dreißiger eine Lohnerhöhung zu verlangen.

Vierter Akt. Am selben Tag sind Pastor Kittelhaus und seine Frau bei Dreißigers zum Essen eingeladen. Anwesend ist auch der Theologiestudent Weichbrod, dem Kittelhaus eine Hauslehrerstelle bei Dreißiger vermittelt hat. Beim Tischgespräch hat Weichbrod Mitleid mit den Webern und Verständnis für ihre Forderungen gezeigt. Diesen jugendlichen Idealismus will Kittelhaus ihm ausreden, während man darauf wartet, nach dem Essen den Kaffee zu nehmen und ein Kartenspiel zu beginnen. Die Ruhe der Gesellschaft wird durch die Weber gestört, die im Fabrikhof protestieren und das Dreißigerlied singen. Auf Befehl Dreißigers ergreifen seine Färbereiarbeiter einen der Anführer, Moritz Jäger. Der herbeigeeilte Polizeiverwalter lässt Jäger von Kutsche fesseln und ins Gefängnis bringen. Die Weber befreien Jäger, verjagen Polizeiverwalter und Gendarm und misshandeln den Pastor, der einen Beschwichtigungsversuch unternommen hat. Während die Weber unter Führung des die Eingangstür zertrümmernden Wittig in die Villa eindringen, gelingt es der Familie Dreißiger, sich mit Hilfe des Kutschers und des kurz zuvor wegen seiner Parteinahme für die Weber brüsk entlassenen Weichbrod in Sicherheit zu bringen. Die Weber stürmen Dreißigers Villa und demolieren die Einrichtung und das Warenlager.

Gewalt und Gegengewalt

Fünfter Akt. Am Morgen des folgenden Tages verrichtet der alte Hilse – ein von tiefer, weltabgewandter Frömmigkeit bestimmter Weber – mit seiner Familie die Morgenandacht. Er möchte sich durch die Umtriebe draußen nicht von der Arbeit abhalten lassen. Mehrfach wird das Aufstandsgeschehen, das von Peterswaldau in den Nachbarort Langenbielau, wo Hilse lebt, übergegriffen hat, in seine Stube hereingetragen: durch den Hausierer Hornig, der als Augenzeuge vom Verhalten der Weber in Dreißigers Villa berichtet, vom Landarzt, der auf der Herfahrt den Zug der bewaffneten Weber beobachtet hat, durch das Enkelkind, das einen im Straßengraben gefundenen silbernen Löffel anbringt, der aus den Plünderungen stammt, endlich durch Jäger, Bäcker und ihre Genossen, die durch die Häuser ziehen und die Weber auffordern, sich ihnen anzuschließen. Die Schwiegertochter Hilses tut es mit Begeisterung, ihr zwischen der allgemeinen Aufbruchsstimmung und den Ermahnungen seines Vaters, nicht selbst sein Recht zu suchen, sondern das Gericht Gott zu überlassen, hin und her gerissener Mann erst, als seiner Frau Gefahr droht. Die Aufständischen dringen in Fabrikantenvillen und Fabriken ein und plündern und zerstören, wie sie es bei Dreißiger gemacht haben. Als anrückendes Militär eingreift, gibt es Tote und Verwundete. Die Weber schlagen die Soldaten in die Flucht. Eine verirrte Kugel der letzten Salve trifft den alten Hilse am Webstuhl tödlich. Seine blinde Frau, die nichts mitbekommen, und das Enkelkind, das nichts verstanden hat, bleiben zurück.

> Göttliche Gerechtigkeit oder irdische Selbstjustiz?

3. Figurenkonstellation

Mit über 50 auftretenden Personen sind *Die Weber* ein ungewöhnlich figurenreiches Theaterstück. Das hängt zunächst damit zusammen, dass der Titelheld des Dramas ein Kollektiv ist. Um das Weberelend als Klassenschicksal zu zeigen, ist eine gewisse Beispielfülle notwendig. Dabei hat Hauptmann die Weber nicht als gleichförmige Masse dargestellt, sondern vielfältig differenziert. Viele bleiben namenlos. Einige werden vom Autor genauer charakterisiert und in Aussehen, Eigenarten, Verhaltensweisen und Überzeugungen als Individuen erkennbar vorgestellt. Zwei Weberfamilien, die beide drei Generationen umfassen (Baumert, Hilse), werden in ihrer häuslichen Umgebung gezeigt. Sie sind durch ein Patenschaftsverhältnis – der alte Baumert ist Gottlieb Hilses Pate – enger miteinander verbunden. Mit ihren Hausgenossen, Nachbarn und Bekannten bilden sie eine aus der Gesamtheit der Weberbevölkerung herausgehobene Gruppe.

Die Weber als Klasse (vierter Stand)

Den Webern steht eine gleich große Personengruppe gegenüber, die ein Spiegelbild der Gesamtgesellschaft darstellt, als einer von oben nach unten geordneten bürgerlichen Gesellschaft mit teilweise noch ständisch-feudalen, teilweise schon kapitalistischen Zügen. Alle wichtigen Klassen und Gruppen dieser Gesellschaft sind vorhanden. Der König – sein Bild hängt in der Wirtsstube – und die adligen Großgrundbesitzer werden nur erwähnt. Auf der Bühne erscheinen Vertreter der Staatsbürokratie und der

Die bürgerliche Gesellschaft

(evangelischen) Kirche, Handwerker, Gewerbetreibende, Bauern, Freiberufler, studierte Leute, Industrielle, nur hinter der Szene hörbar sind Soldaten. Dienstboten und Angestellte stehen ganz auf der Seite ihrer jeweiligen Herrschaft. Auch im bürgerlichen Lager werden zwei Familien in ihrem Haus gezeigt (Dreißiger, Welzel). Diesmal sind es Zweigenerationenfamilien.

Schon das Druckbild des Personenverzeichnisses zeigt, dass im Drama zwei klar getrennte Welten aufeinander treffen. Die Weber sind nicht nur »unten«, sondern sie sind von der übrigen Gesellschaft und den sie bestimmenden Prinzipien (langfristige Lebensplanung, Sparen und Kapitalbildung, Aufstiegsorientierung, Erwerb von Bildung) ausgeschlossen. Fast alle Vertreter der oberen Hälfte stehen den Webern ablehnend oder feindlich gegenüber und nutzen sie in der einen oder anderen Weise aus. Nur einzelne Figuren überschreiten die Grenze zwischen bürgerlicher Gesellschaft und viertem Stand (den Webern). Beim Lumpensammler und Hausierer **Hornig** ist die gesellschaftliche Zuordnung nicht eindeutig. Er will es sich mit niemandem verderben (59,10). Dass seine Sympathien den Webern gehören, ist trotzdem unverkennbar. Der Schmied **Wittig** stellt sich als einer der Führer der Revolte aktiv auf die Seite der Weber. Ihre Sache vertritt mit seinen schwachen Kräften auch der Kandidat **Weichbrod**. Umgekehrt lassen sich die Färbereiarbeiter, von denen Jäger Solidarität erwartet hätte (48,14ff.), als Hilfspolizei Dreißigers einsetzen.

> Zwischen den Klassen

Bei den Webern gibt es drei Anführer, aus ihren Reihen **Jäger** und **Bäcker**, dazu Wittig. Alle drei haben keine familiären Bindungen oder werden ohne sie gezeigt. Jäger und Wittig bringen Kenntnisse und Erfahrungen mit, die sie außerhalb der Weberwelt von Peterswaldau und Langenbielau gewonnen haben. Das befähigt sie zu einer wenigstens in Ansätzen richtigen Analyse der Lage in dem Sinne, dass niemand den Webern hilft, wenn sie ihre Sache nicht selbst in die Hand nehmen, und dass »im Guten« wenig zu erreichen ist, sondern nur durch solidarische Kampfbereitschaft.

> *Anführer und passive Repräsentanten*

Neben den drei Anführern gibt es drei Repräsentanten der Weber, die bisher alles erduldet haben und durch eine einzige Tat aus der Passivität heraustreten: **Ansorge** (Nimmst du m'r mei Häusl, nehm ich d'r dei Häusl, 56,8f.), **Baumert** (d'r Mensch muß doch a eenziges Mal an Augenblick Luft kriegen, 69,17f.) und **Gottlieb Hilse** (Soll mir mei Weib derschossen werd'n? Das soll nich geschehen!, 70,43–71,1). Kontrastfigur zu ihnen ist der alte **Hilse,** der es bewusst ablehnt, sich am Kampf zu beteiligen, obwohl er die elende Lage der Weber scharf erkennt und verurteilt. Durch einen tragischen Zufall erleidet er das Schicksal des klassischen Helden oder Märtyrers, für seine Überzeugung zu sterben.

Unter den Frauengestalten ragt **Luise Hilse** hervor. Sie ist die einzige Figur im Drama, die uneingeschränkt positiv gezeichnet wird. Zusammen mit ihrem Mann Gottlieb repräsentiert sie das in Hauptmanns Werk häufig vorkommende Paar von starker Frau und schwachem Mann. Bei der

Auseinandersetzung mit ihrem Schwiegervater, dem alten Hilse, treffen zwei gleich starke Charaktere aufeinander, die gegensätzliche Ideen vertreten.

Für die Klasse der Fabrikanten steht **Dreißiger** als negative Hauptfigur des Dramas. Er ist der Prototyp des patriarchalischen Unternehmers, nicht ohne eine gewisse Fürsorge für die von ihm Abhängigen, aber mit eindeutigem Herr-im-Haus-Standpunkt. Naturgemäß hat er eine Reihe von Helfern und Handlangern, so den Expedienten **Pfeiffer**, der den kapitalistischen Geist ganz verinnerlicht hat, den Pastor **Kittelhaus**, der als »reiner« Seelsorger die Weber mahnt, den sozialen Frieden nicht zu stören, und den Polizeiverwalter **Heide**, der geradezu begierig ist, Dreißigers Befehle entgegenzunehmen. Dreißiger kann sich also ganz auf die örtlichen Vertreter des konservativen Grundbündnisses von Thron und Altar verlassen.

4. Schauplätze und Zeitverlauf

Jeder der fünf Akte spielt in einem anderen Innenraum: I. Warenannahmebüro des Fabrikanten Dreißiger in Peterswaldau, II. Weberstube der Familie Baumert in Kaschbach oberhalb Peterswaldaus, III. Wirtshaus in der Ortsmitte von Peterswaldau, IV. Vorzimmer zum Salon in der Villa Dreißiger, V. Weberstube der Familie Hilse in Langenbielau. Die Verteilung ist symmetrisch: I. und IV. Dreißiger, II. und V. die Weber, in der Mitte das Wirtshaus als halböffentlicher Raum.

In vielfacher Weise erweitert Hauptmann diese Innenräume, sodass auch, was draußen geschieht, in die Handlung einbezogen werden kann. Glastüren, offene Türen und Fenster geben den Blick frei in den Flur, in Nebenräume oder ins Freie.

Enge Räume – offene Umgebung

Häufig bedient sich Hauptmann der beiden Mittel, die schon die Dramatiker der griechischen Antike entwickelt haben, um auf der Bühne schwer darstellbare Vorgänge wiederzugeben, der »Mauerschau« und des »Botenberichtes«. Bei der Mauerschau sieht eine auf der Bühne anwesende Figur etwas, das dem Zuschauer nicht sichtbar ist, und berichtet darüber (Pastor Kittelhaus über die Vorgänge im Hof, 46,4 ff., Hornig über den Schmied vor der Villa Dittrich, 65,6 ff.). Beim Botenbericht schildert eine auftretende Person Ereignisse, die an anderer Stelle stattgefunden haben (der Chirurgus den Weberzug, 61,27 ff., Hornig die Plünderung in der Villa Dreißiger, 58,26 ff.). Es gibt auch Mischformen, wenn z. B. von draußen hereingerufen wird, was dort passiert (die Weberfrau über Luises Verhalten vor den Bajonetten, 70,26 ff.).

4. SCHAUPLÄTZE UND ZEITVERLAUF

Alle Akte bis auf den zweiten sind von häufigem Kommen und Gehen bestimmt. Beim Büro und im Wirtshaus ist das durch den Charakter dieser Örtlichkeiten vorgegeben. Im vierten und fünften Akt ist es Ausdruck des besonderen Erregungszustandes während der Gewaltausbrüche. Viele Figuren, die dort in die Handlungsräume eintreten, bringen Impulse von außen mit (gerade Erlebtes, ihre Pläne für folgende Aktionen). Auf diese Weise vermittelt Hauptmann zwischen der Enge der Innenräume, die Ausdruck der bedrückten Lage der Weber sind, und der Dynamik der äußeren Handlung und Handlungssplitter.

> Bewegung und Unruhe

Wie bei der geographischen Zuordnung lehnt sich Hauptmann auch beim Zeitverlauf an die historische Ereignisfolge an, ohne sie genau zu kopieren. Am 3. Juni 1844 breitete sich Unruhe unter den Webern aus. An diesem Tag war einer ihrer Anführer festgenommen worden, der nicht sofort freikam (!). Am 4. Juni stürmten mehrere hundert Weber, die eine Bitte um Rücknahme von Lohnkürzungen vorgetragen hatten und abgewiesen worden waren, Villa und Fabrikanlagen eines Fabrikanten in Peterswaldau. Am 5. Juni standen sich in Langenbielau über tausend Weber und eine kleine Gruppe (30–60) Soldaten gegenüber. (Die beiden zur Hilfe gerufenen Kompanien, ca. 500 Mann, waren nach Peterswaldau beordert worden.) Der Versuch der Soldaten, die Menge zu zerstreuen, misslang; sie fühlten sich bedroht und feuerten, wobei es unter den Webern Tote und Schwerverwundete gab. Trotzdem mussten sich die Soldaten unter dem wütenden Ansturm der Weber nach Peterswaldau zurückziehen. Hauptmann folgt mit den Akten III bis V dem realen Ablauf von Erregung – Erhebung – (scheinbarem) Erfolg. Die Fortsetzung hat er für sein Drama nicht mehr übernommen. Am 6. Juni unterdrückte der volle Einsatz der militärischen Macht die Erhebung. Es gab die ersten Verhaftungen.

Die Akte I und II skizzieren den Hintergrund zum Aufstandsgeschehen. Da sie einen Dauerzustand widerspiegeln, ist eine genaue zeitliche Einordnung nicht wichtig. Die Regiebemerkungen sagen »gegen Ende Mai« (7,18). Die Uhrzeit am Beginn (Die Uhr zeigt zwölf, 7,18) ist sachlich passend (einige Weber, darunter der kleine Gustav Heinrich, haben schon einen Herweg von mehr als elf Kilometern zurückgelegt), gleichzeitig hat sie metaphorische Bedeutung und zeigt, wie das Stück von Anfang an auf einen End(zeit)punkt hinzielt.

5. Wort- und Sacherläuterungen

Zur Sprache der *Weber*

Hauptmann hat die erste Fassung seines Dramas, das unter einfachen Leuten in der schlesischen Weberregion spielt, in deren Dialekt niedergeschrieben, mit dem der Autor von Kindheit an vertraut war. Er tat es wegen der Milieugenauigkeit, aber auch im Streben danach, seinem Kindheitsdialekt literarische Würde zu verleihen. Im Hinblick auf das Lese- und Theaterpublikum im ganzen deutschen Sprachraum hat Hauptmann sein Stück bald nach der Niederschrift sprachlich umgearbeitet. Die Neufassung ist in einem von Hauptmann erfundenen, dem Hochdeutschen angenäherten Kunstdialekt abgefasst, den es so nie gegeben hat, in dem sich aber viele charakteristische Merkmale der schlesischen Mundart erhalten haben. Es sind – neben dem in der Umgangssprache und vielen Dialekten verbreiteten Verschlucken von Vor-, Stamm- und Nachsilben
- eine starke Entrundung der Vokale (*neetig* für nötig, *ieber*/über, *mechte*/möchte, *Tiere*/Tür),
- die Erhaltung oder Neubildung des Endungs-e (jetzte, Gescheft, Unglicke),
- die Diminutiv-Endung -la, -el/'l (Uhrla, Häusl, Hundl),
- einfacher (Lang-)Vokal statt Diphthong (*nee*/nein, *Fleesch*/Fleisch, *och*/auch, *uf*/auf),
- die (Weiter-)Verschiebung von anlautendem pf zu f (*Feifel*/Pfeifchen, *Fennig*/Pfennig),
- die Verhärtung von anlautendem b (*Pauer*/Bauer, *Pursch*/Bursche, *Putter*/Butter, *Parchent*/Barchent),

– insgesamt ein starkes Hervortreten des Vokals a (*laba/leben*).

> Das a: Charaktervokal der schlesischen Mundart

Einfaches a kann *er, ihn, den, ein* bedeuten. Auf Besonderheiten im Wortschatz wird im Stellenkommentar hingewiesen. Da häufiger vorkommend, seien schon hier erwähnt *Kretscham* für Wirtshaus und *ock* für: bloß, nur.

Wenn man wegen des Dialekts beim Lesen eine Stelle nicht sofort versteht, hilft es oft, sie sich laut vorzusprechen.

Das Weben (technisch)

Beim Handweben sind eine Reihe nebeneinander liegender Fäden (Kettfäden, Kette, Zettel, Schweif, Werft) auf einer breiten Walze aufgewickelt (Kettbaum). *Kette* oder *Werft* nennen die Weber auch die Garnstränge, die sie beim Verleger abholen, und das fertige Gewebe. Um möglichst lange und gleich lange Kettfäden zu erhalten, muss das in losen Strängen oder Bündeln gelieferte Garn vorher auf großen Scheibenspulen aufgespult werden. Vom Kettbaum laufen die straff gespannten Fäden zum vorn liegenden Warenbaum, auf den das fertige Gewebe aufgewickelt wird. Zwischen Kett- und Warenbaum befinden sich zwei beweglich aufgehängte Holzrahmen (Schäfte, Kämme) mit vielen Schnüren, in deren Mitte eine Metall-, Glasöse (Auge) befestigt ist, durch die die Kettfäden geführt werden (Kammstechen). Durch hölzerne Tritte (Schemel) werden die Schäfte abwechselnd gehoben und gesenkt, sodass die Kettfäden einen Zwischenraum (Fach) bilden, durch den ein Querfaden (Schussfaden, Schuss) geführt werden kann. Die Spule für den Querfaden liegt in einer Kapsel (Schütze, nach der Form auch *Schiffchen*). Antriebsmittel für den Schützen ist eine Art Schlagwerkzeug, das durch eine Zugschnur mit Handgriff eine stoßende Bewegung erhält. Die äußersten Kettfäden werden beidseitig vom Schussfaden vollständig umschlossen. Dadurch entsteht die Webkante (Salleiste, Salband). Der durch das Eingehen des fertigen Gewebes entstehende Zug wird durch Breithalter (Spannrute, im Dialekt *Sperrittl*) ausgeglichen. Je nach Konstruktion des Webstuhls wird das fertige Gewebe durch Zuggewichte automatisch auf dem Warenbaum aufgewickelt, oder der Weber muss von Hand nachspannen (bäumen). Der Weber sitzt auf einer – in der Regel fest mit dem Webstuhl verbundenen – Bank.

Die Weberei (sozial- und wirtschaftsgeschichtlich)

Der absolutistische preußische Staat betrieb nach der Eroberung Schlesiens (drei Schlesische Kriege zwischen 1740 und 1763) in der Hoffnung auf Exporterlöse eine starke Ausweitung der Spinnerei und Weberei. Gleichzeitig fielen durch neue Zollschranken von Seiten Österreichs und Polens wichtige Teile des bisherigen Absatzmarktes des schlesischen Weberhandwerks weg. Durch die beginnende Industrialisierung (nach dem Ende der Napoleonischen Kriege 1815 waren maschinengewebte Stoffe aus England auf dem europäischen Markt konkurrenzlos) geriet die wenig leistungsstarke und kapitalarme schlesische Textilindustrie in weitere Schwierigkeiten (fast eine Dauerkrise). Die Baumwollweberei war im Verlagssystem organisiert. Dabei stellt ein Un-

Das Verlagssystem

ternehmer, der Verleger, das Garn zur Verfügung, nimmt die fertige Ware nach Mengen- (= Gewichts-) und Qualitätskontrolle zurück und zahlt einen Arbeitslohn. Seit den 1840er-Jahren nahm auch in verschiedenen Textilregionen Deutschlands die Zahl der mechanischen Webstühle zu. Am wenigsten in Schlesien, das sich im Deutschland des Zollvereins (ab 1834) in einer ungünstigen, verkehrsmäßig schlecht erschlossenen Randlage befand. Hier blieb es bis in die 90er-Jahre des 19. Jahrhunderts bei der immer weniger profitablen Handweberei.

Dauerkrise im Webereigewerbe

Die Fabrikanten bemühten sich einerseits um staatliche Unterstützung (Abnahmegarantien, Zollschutz gegen billigere Importe), anderseits gaben sie den Druck der Preiskonkurrenz als Lohndruck weiter. »Hungerlohn« war keine Metapher, sondern Wirklichkeitsbeschreibung. Selbst lange Arbeitszeiten (14 bis 16 Stunden) und Mithilfe der Familienangehörigen sicherten den Weberfamilien nur knapp das Existenzminimum, häufig (z. B. bei steigenden Lebensmittelpreisen wegen schlechter Ernten) nicht einmal das.

Lohndrückerei und Hungerlöhne

Vermehrt wurde das Elend der Weber durch noch bestehende Reste des Feudalsystems. Die ländliche Bevölkerung – einschließlich der in den Dörfern lebenden Spinner und Weber – musste den Grundherren verschiedene Abgaben entrichten und Dienste leisten. Seit der Bauernbefreiung (Ablösegesetze 1821) konnten diese Pflichten durch Geldzahlungen abgelöst werden. Allerdings dauerte es noch Jahrzehnte, bis das Ablöseverfahren abgeschlossen war. Der Aufstand von 1844 war nicht die erste Webererhebung in Schlesien. Vorläufer in den Jahren 1785/86, 1793 und 1795 waren vom König und den Behörden brutal niedergeschlagen worden, ohne dass es größere überörtliche

5. WORT- UND SACHERLÄUTERUNGEN

Resonanz gegeben hätte. Das war 1844 ganz anders. Die entwickelten Verkehrs- und Pressestrukturen in der Mitte des 19. Jahrhunderts und eine neue politische Grundstimmung (Verfassungsdiskussion in vielen deutschen Staaten, Forderung bürgerlicher Freiheit durch den deutschen Frühliberalismus und die kritischen Literaten des *Jungen Deutschland* und des *Vormärz*) waren Voraussetzung dafür, dass die Ereignisse in Schlesien im ganzen deutschen Sprachraum – und darüber hinaus – starke Beachtung erfuhren. Bekanntestes Beispiel ist das von Heinrich Heine noch im Juni 1844 gedichtete Lied *Die schlesischen Weber*, das von Friedrich Engels ins Englische übersetzt und noch vor Jahresende in einer Londoner Zeitung veröffentlicht und kommentiert wurde.

> Presseecho in ganz Deutschland

Trotz der zeitlichen Nähe führen keine Verbindungslinien vom schlesischen Weberaufstand (einer Art Hungerrevolte) zur Märzrevolution von 1848 in Deutschland, deren Anführer aus den Besitz- und Bildungsschichten kamen.

Erläuterungen zu einzelnen Stellen[4]

5,14 f. **»ein armer Mann wie Hamlet ist«:** Anspielung auf *Papa Hamlet* (einen gescheiterten Schauspieler), die Titelfigur einer Erzählskizze von Arno Holz und Johannes Schlaf, denen Hauptmann sein Erstlingsdrama *Vor Sonnenaufgang* gewidmet hatte.

6,1 **Dramatis personae:** (lat.) Rollenverzeichnis.

6,2 ff. **Dreißiger:** leicht entschlüsselbarer Deckname. Der reale Fabrikant in Peterswaldau hieß Zwanziger.
Parchentfabrikant: Barchent: Baumwollgewebe.

Expedient: Angestellter, der für Abfertigung und Versand zuständig ist.
Gendarm: Landpolizist.
Polizeiverwalter: in ländlichen Gebieten ein vom Staat ernannter Amtsvorsteher, in der Regel ein Gutsbesitzer, der ehrenamtlich die Polizeiverwaltung ausübt.
Chirurgus: Wundarzt.
7,12 **Zirkels:** um die Fadenzahl (= Gewebedichte) für eine Längeneinheit zu bestimmen.
7,14 **Kontorlehrling:** Kontor: Geschäftsraum eines Kaufmanns.
7,15 **Repositorium:** Lagerregal.
7,30 **abgetrieben:** ermüdet, zerrüttet.
7,31 **Gravität:** steife Würde.
8,1 **Silbergroschen:** 1/20 Taler = 1 Silbergroschen = 12 Pfennige.
8,16 **Schnupfer:** jemand, der Tabak schnupft.
8,21 **Kletzen:** Klötzen.
8,22 **sela!:** (von einem Musikschlusszeichen in den hebräischen Psalmen) Schluss, Ende, fertig!
8,23 **Trepp'n:** Treppen: Unregelmäßigkeiten, Absätze im Gewebe.
8,29 **Laugensack:** nasser Lappen, Handtuch (»Lauge« ursprünglich: Bad).
8,30 **'s sticht ... nach Regen:** Regen (hier: Ärger) kündigt sich an.
8,36 **Beehmen:** Böhm(ischer) Groschen, Geldstück von mittlerem Wert (Silbergroschen oder Zehnpfennigstück).
8,39 **lauern:** warten.
9,1 **tälsch'n Tag:** schlechten, unfreundlichen Tag.
9,3 **putzen:** Fehler, Unebenheiten aus dem Gewebe entfernen.

5. WORT- UND SACHERLÄUTERUNGEN 31

9,4 **Schlauderei:** Schluderei, Pfuscharbeit.
Klunkern: Knoten, Verdickungen im Gewebe.
9,6 **Noppzängl:** Noppenzange, Gerät zum Entfernen der Knoten.
9,9 f. **angestrichen:** nicht vergessen, heimgezahlt.
9,13 **Abgang:** Schwund.
9,21 **Einschuß, Feifeln:** Pfeiffer wirft dem Weber indirekt vor, einen Teil der Schussfäden nicht verarbeitet, sondern auf den Spulen (»Pfeifen«) gelassen und dann weiterverkauft zu haben.
9,24 **Howetage uf'n Dominium:** Arbeitstage auf dem Rittergut.
Meine: ergänze: Frau.
9,28 ff. **Salband, Sperrittl:** s. Vorbemerkung zur Weberei S. 27.
9,30 **Zoll:** altes Längenmaß, ca. 2–3 cm.
9,31 **Eintrag:** Zahl der Schussfäden (Maß für die Gewebedichte).
Reelletät: das (»reelle«) ehrliche Verhalten.
9,34 **Package:** Bagage, Gesindel.
9,42 **Gejesere:** »Jesus« rufen, Gejammere.
10,6 **Seefe:** verballhorntes »Sela!«, vgl. Anm. zu 8,22.
10,8 **verfumfeit:** verschwendet, verjubelt.
10,11 **Iebergang:** Fehlgeburt.
10,12 **Zerlauer Schäfer:** Schäfer waren in Volksmedizin bewanderte, heilkundige Leute.
10,24 ff. **Die Leineweber …:** Das Spottlied spielt in obszöner Weise auf die rhythmisch-stoßenden Vorgänge beim Weben an.
10,27 **Blitzkröte:** das Steigerungselement »Blitz« (z. B.: blitzgescheit) hier als negative Verstärkung, etwa: das hässliche Frauenzimmer, die alte Hexe.

10,38 **Placker:** Knoten, Fehler.
11,23 **Sefzrich:** Seufzer.
11,27 **vermickertes:** mickriges, kümmerliches.
11,30 **Geblitte:** Geblüt, Gesamtheit des Blutes (dessen Unreinheit den Hautausschlag verursacht).
11,43 **vorhero:** wichtigtuerische Sprechweise Pfeiffers. Er überträgt das »Kaufmanns-O« (ultimo, dito) auf ein Alltagswort.
12,2 **treten:** den Webstuhl bedienen.
12,4 **Stuhle:** Webstuhl.
12,5 **drehnig:** schwindelig.
12,9 **glubsch:** böse, hinterhältig.
12,22 **versehen hat:** einen Fehler gemacht hat, Pech gehabt hat (und hier: im Eis einbricht).
12,24f. **beim Besenreit'n:** Zu Teufelstreffen reiten Hexen auf dem Besen durch die Luft.
am Luzifer versehn: Nach dem Volksaberglauben wirken sich starke Sinneseindrücke (Schreck, Begeisterung), die eine Schwangere empfängt, unmittelbar auf Aussehen und Charakter des Kindes aus.
12,38 **'s Bluttgericht:** *Das Blutgericht* ist der Titel des Weberliedes. Ein Gericht, das Gerichtsbarkeit über Leben und Tod besaß, hieß im Mittelalter Blutgericht.
13,3 **fackle:** zögere.
13,11 **Schlag:** hier: Portion (Arbeit).
13,13 **d'rhunger:** verhungere.
13,30 **sein richt'gen Paß gehen:** den richtigen Weg/Gang gehen, seine Ordnung haben.
13,39 **hiprich:** schwächlich.
Kränkte: Krankheit, mit bestimmtem Artikel (wie hier): Schwindsucht.
14,6 **Er:** Weber Heinrich, Vater des ohnmächtigen Jungen.

5. WORT- UND SACHERLÄUTERUNGEN   33

14,7 **neun Kinder:** Der Kinderreichtum der Weberfamilien ist also nicht nur sprichwörtlich, sondern auch real. Der Webersohn aus dem Erzgebirge Karl May (geb. 1842) hatte 13 Geschwister, von denen neun in früher Kindheit starben.

14,41 **Lohnzwackerei:** abzwacken: etwas wegnehmen, den Lohn drücken.

15,2 **Schleefl:** Schleifchen, Schlinge.

15,5 **Kerndl:** Körnchen (hier: Schnupftabak, 19,4 ff.: Malzkaffee).

15,6 **Perlgraupe:** Graupe (enthülste Gerstenkörner für Suppe oder Brei) aus kleinen Körnern.

15,13 f. **vierzehn Nothelfern:** Gruppe von 14 Heiligen, die vor ihrem Martyrium Gott darum gebeten haben sollen, dem zu helfen, der in ihrem Namen darum bittet.

15,21 **Schock:** alte Mengenbezeichnung: 60 Bündel; häufig allgemein zur Bezeichnung einer größeren Menge.

15,22 **anderthalb Meilen:** in Preußen eine Meile = ca. 7,5 km.

15,29 **Skribent:** herabsetzend: (schlechter) Schriftsteller.

15,35 **Preßhund:** »Journalist«.

16,1 **schweigt des Sängers Höflichkeit:** (sprichwörtl.) darüber redet niemand.

16,12 **Fusel:** schlechter, billiger Branntwein.

16,13 **quartweise:** Quart: altes Flüssigkeitsmaß mit sehr unterschiedlichen Mengenentsprechungen (zwischen 0,2 und 1 l).

16,22 **haltet im Zaume:** bändigt, haltet zurück.

16,23 **quittiere:** eigentlich: den Dienst, hier: die Fabrik aufgeben.

16,27 **a brinkel angestrichen:** ein bisschen staubig, schmutzig gemacht.

17,28 **Annl:** Ahn, Großvater (als Anrede für einen älteren Mann).
17,35 **Häusler:** Dorfbewohner, der ein Haus, aber kein Ackerland hat.
17,39 **kontrakte:** verkrüppelte, gelähmte.
18,12 **Kropfhals:** Kropf: vergrößerte Schilddrüse.
18,19 **Weifen:** Haspeln, um das Garn in Strangform zu bringen.
18,22 **Viertelskörbe:** kleine Weidenkörbe.
18,23 **Lade:** Gerät, mit dem die letzten Schussfäden an das bereits fertige Gewebe angeschoben werden.
18,30 **knipp'n:** knüpfen, gerissene Fäden zusammenknoten.
18,33 **Zucht:** Umstand
19,9 **Neegl:** »Neige«, Rest eines Getränkes (man muss das Fass kippen/neigen), hier: kleine Menge.
19,20 **an leucht'n:** Licht anzünden.
19,34 **Pusch:** Busch, Gehölz.
Rittl: Ruten, Reisig.
20,12 **derheeme:** daheim, zu Hause.
20,13 **heilig:** Bekräftigungspartikel: bestimmt.
20,23 **Nächten Abend:** gestern Abend.
20,26 f. **Kartoffeln … mitgenommen:** Am steilen Hang hat Unwetter den Boden und die Feldfrüchte weggeschwemmt.
21,1 **Ami'n:** Name des zugelaufenen Hundes.
21,21 f. **a brinkl verblasen:** ein bisschen verschnaufen.
21,24 **Reservist:** Soldat nach Ende der aktiven Dienstzeit.
Husarenmütze: Husar: Reitersoldat.
21,26 **nimmt er Stellung:** Zu Jägers Imponiergehabe gehört es, immer wieder in Ausdrucksweise und Verhalten seine Militärerfahrung herauszukehren.

5. WORT- UND SACHERLÄUTERUNGEN 35

21,27 **Muhme:** Tante, vertraute Anrede für eine ältere Frau.
21,39 **mit im Stiebl:** Der alleinstehende Weber Finger konnte sich kein eigenes Zimmer leisten.
21,40 **marode:** ermattet, schwach (auf der Brust), schwindsüchtig.
22,3 **Ferscht:** Fürst.
22,4 **Zylinderuhr:** Taschenuhr.
22,5 **großpratschig:** großspurig (vgl. 54,43 *praatz* als Ausruf der begeisterten Anerkennung).
22,8 **Pursche:** Bursche, beim Militär früher Diener für einen Offizier.
22,12 **Nischtegutts:** Nichtsnutz.
22,15 **Meesekasten:** Vogelfalle für Meisen.
22,16 **Rotkätlsprenkel:** Schlinge zum Fangen von Rotkehlchen und Rotschwänzchen.
22,19 **Schwalben:** Nach dem Volksglauben bringen am Haus, in Stall oder Scheune nistende Schwalben Glück. Damit die Kinder sie in Ruhe lassen, sagt man ihnen, Schwalben seien giftig.
22,22 **Reißen:** Gliederschmerzen.
22,23 **Fluß:** Rheumatismus.
22,28 **mersche:** wir sie.
22,41 **an Mädel dient:** gut für die Gesundheit eines Mädchens ist.
22,43 **Klunkern:** Klamotten.
23,3 **Erquickung:** geistige Erbauung (im Gottesdienst).
23,4 **Galgenschlinke:** Galgenschlinge, Galgenstrick; hier vom Gerät auf den daran Hängenden übertragen: ausgetrocknet, dürr.
23,10 **Plautze:** Brust, Leib.
23,13 **mukscht:** murrt, nörgelt.

36 5. WORT- UND SACHERLÄUTERUNGEN

23,16 **Mietzinse:** Miete (auch Hauszins).

23,17 **eelitzicher:** alleinstehender.

23,26 f. **Ich hab mei Wunder gesehn:** Es hat meine Verwunderung erregt.

23,29 **Gelt:** Sprachhandlungspartikel der bekräftigenden Rückversicherung: nicht wahr, das sag ich auch.

23,41 **Abgelassene:** Magermilch. Zur Rahmgewinnung für das Buttern wurde die Milch in flache Gefäße gegossen. Wenn sich der Rahm oben abgesetzt hatte, ließ man die Milch durch eine kleine Öffnung am Boden des Gefäßes langsam ablaufen.

24,2 **Moritz lehr'n:** verballhorntes *mores* (lat. ›Sitten‹) lehren, Benimm beibringen.

24,3 **ersch:** ihr es.

24,4 **Kneppe:** (Wappen-)Knöpfe am Uniformkragen als Abzeichen des Gefreiten.

24,6 **gefirre wie a Wieslichen:** flink wie ein Wiesel.

24,7 **Zeug:** Ausrüstung (Waffen, Sattel, Zaumzeug).

24,8 **finkeln:** funkeln, glänzen.

24,11 **Schießhund:** Jagdhund, der das angeschossene Wild aufspürt.

Ufgepaßt hab ich wie ...: scharf aufgepasst hab ich.

24,14 **Schwadron:** Abteilung Reitersoldaten.

24,25 **kreescht:** kreischt (brät zischend, brutzelt).

24,37 **happich uf:** gierig nach.

24,39 **ratlich:** anzuraten, empfehlenswert.

24,43 **Guttschmecke:** *schmecken* hier: mit dem Geruchssinn wahrnehmen.

25,15 **derschindt't:** erschunden, mit Mühe erarbeitet.

25,18 **Hauszinse:** Zinsen für die Schulden auf dem Haus.

25,28 **ieberteifeln:** überteufeln, übervorteilen, an Geschäftstüchtigkeit übertreffen.

5. WORT- UND SACHERLÄUTERUNGEN 37

25,30 **den Pli:** Pli: Falte; den »Kniff« nicht haben, keinen Durchblick haben.
25,32 **'s Bast:** die Haut (beim Korbflechten).
25,40 **meent a iebersche:** sagte er zu ihr.
25,43 **kumpabel:** kapabel, fähig.
26,4 **um de Letzte:** gegen (sein) Ende.
26,10 **Röhr:** Backröhre.
26,16 **vor richtig vorschirr'n:** erst ordentlich den Tisch decken (eigentlich: anspannen).
26,18 **Gottstischrock:** der gute Anzug, mit dem man in die Kirche (zum »Tisch des Herrn«) geht.
26,28 **Eklipaschen:** Equipagen, Kutschen.
Guvernanten: Gouvernanten (auch bei der Kindererziehung ahmen die Fabrikanten den Lebensstil des Adels nach).
26,29 **sticht d'r Haber:** werden übermütig (wie angeblich Pferde vom Haferfressen).
26,42 **Schölzerei:** Wirtshaus. Der Dorfvorsteher (Schulze, Scholz) hatte das Schankrecht.
27,2 **lacht sich de Hucke voll:** Redensart meist: sich einen Ast/Buckel lachen, d. h.: sich krumm lachen.
27,3 **feder, feder!:** schnell, schnell! Feder dich: beeil dich!
27,11 **Fabrikantenräudeln:** etwa: Fabrikantenhunden; *Räude*: eine Hautkrankheit, besonders von Hunden; *räudig* auch: sittlich verwahrlost.
27,20 f. **aus een'n ganz andern Loche feifen:** einen anderen Ton anschlagen, umgänglicher werden.
Luder: gemeine Menschen.
27,39 **Gerichtsschulzen:** Der Dorfvorsteher war auch Dorfrichter.
Schmärwampen: Schmer(= Fett)bäuche.
27,41 **a Tag abstehl'n:** den Tag durch Nichtstun vergeuden.

28,2 **eingetränkt:** in den Trank gemischt, vergolten.
28,8 **derfund'n:** erfunden, gedichtet.
28,14 **Vehmen:** Feme, mittelalterliches Gericht mit dem Recht, über todeswürdige Verbrechen zu urteilen. Das Verfahren unterlag strenger Geheimhaltung. Die Urteile wurden sofort vollstreckt. Blieb der Beschuldigte der Verhandlung fern, war jeder Eingeweihte berechtigt, das Urteil zu vollstrecken. Daher der Ruf der besonderen Unerbittlichkeit der Feme, auf die das Lied anspielt.
28,35 **Schergen:** Handlanger (des Richters).
29,4 **Kujone:** Schufte.
29,14 **am Hungertuche nagen:** hungern, darben. Das Hungertuch ist ein Tuch mit biblischen Szenen, das während der Fastenzeit in der Kirche über den (reich ausgestatteten) Altar gehängt wurde. Die Redensart ist wahrscheinlich von »am Hungertuch nähen« abgeleitet (infolge des ähnlichen Klanges).
30,1 **Mittelkretscham:** das Gasthaus in der Ortsmitte. Die bei der mittelalterlichen Ostsiedlung gegründeten Straßendörfer erstreckten sich viele Kilometer an der Hauptstraße entlang.
30,13 **Honoratiorenstübchen:** abgetrennter Raum für gesellschaftlich höher gestellte Gäste.
30,21 **Friedrich Wilhelm IV.:** seit 1840 König von Preußen, gest. 1861.
30,24 **plätten:** bügeln.
30,26 **propre:** proper, ordentlich, schmuck.
30,27 **Stickarbeit:** Sticken ist – im Gegensatz zum für die Selbstversorgung mit Strümpfen usw. nötigen Stricken – vornehmere Freizeitbeschäftigung.
30,34f. **deutschen Beefsteak:** beschönigend für Hackfleischbraten (»falscher Hase«).

5. WORT- UND SACHERLÄUTERUNGEN 39

30,36 **Reiseeffekten:** Effekten: Sachen; Reiseausrüstung. Die Gegenstände werden aufgezählt.

30,37 **Musterkoffer:** in dem ein Handlungsreisender Muster der Waren, die die Kaufleute über ihn bestellen können, mitführt.

31,2 **Liefertag:** an dem die Weber die fertigen Stoffballen abliefern (und neues Garn in Empfang nehmen).

31,5 **annehmen:** einstellen.

31,16 **numpern:** erbärmlich.

31,17 **rasnich klee:** ganz (»rasend«) klein.

31,24 **Zopp:** Zug, Gruppe (wörtl.: Zopf).

31,37 **wunderlich ausgedrückt:** gemeint ist: gewundert. Wiegand bemüht sich gegenüber dem Reisenden um eine »gebildete« Sprechweise, was zu Schiefheiten in Wortwahl und Bildlichkeit führt.

31,42 **Unverständlichkeit:** gemeint: Unverstand.

32,1 f. **iebertriebliche Vorstelligkeit:** gemeint: übertriebene Vorstellungen.

32,3 **Hinterbliebenen:** gemeint vielleicht: Verblichenen.

32,5 **Erblassern:** gemeint: Erben.

32,7 **Magnaten:** Reichen (eigentlich: adeligen Großgrundbesitzern).

32,8 **Hochwürden wird verschuldet:** gemeint: man bleibt ihm die Begräbnisgebühren schuldig.

32,10 **Notdurft:** gemeint: Nötiges.
respektive: gemeint: respektvolle.

32,11 **Kindlichkeit:** gemeint: den Kindespflichten gemäßes Verhalten, Elternliebe.

32,16 **befürworten:** gemeint: vorab erklären.

32,19 **Iebervorteilung:** gemeint: Vorteil, Gewinn.
zahlreicher ... gehandhabt: gemeint: je mehr Aufwand es gibt.

32,20 **Offertorien:** gemeint: Gebühren oder Spenden (Zusammenziehung von *Offerte:* Angebot und *Offertorium:* Darbringung von Brot und Wein in der Messe).

32,24 **Ziehband:** Er zieht seinen Wagen an einem Schulterriemen.

32,25 **An eefachen:** Bestellung: einen einfachen (Korn).

32,27 **Häkel und Esel:** Haken und Ösen.

32,33 **einen Bolzen einlegend:** einen am Herd heiß gemachten Gusseisenbolzen (in das Bügeleisen) schiebend.

32,37 **Patsch:** (Patsch-)Hand.

33,3 **O wärsch doch!:** eigentlich: O wäre es doch (so)! Hier abwehrend: Ach, lassen Sie doch!

33,9 **Livreediener:** Livree: uniformartige Dienerkleidung.

33,14 **Geniste:** Nest, Behausung.

33,17 **'ne Werfte geholt:** einen Packen Garn zum Weben geholt. Ansorge gehört zu den Webern, die zu den neuen, schlechteren Bedingungen arbeiten wollen. (Vgl. 33,11 *Pack*, 33,18 *fer zehn Beehmen.*)

33,23 **Doppelfenster:** Bevor es Isolierglas gab, hatten in Gegenden mit kalter Witterung die (besseren) Wohnungen doppelt verglaste Fenster. Im Sommer wurden die Doppelfenster wegen der bequemeren Handhabung herausgenommen.

33,31 **Hünengestalt:** Hüne: Riese.

33,39 **Balbier:** Barbier.

34,1 **Mucken:** »Mücken«, Launen.

34,7 **machen Furore:** machen Eindruck, haben großen Erfolg.

Parole d'honneur: (frz.) Ehrenwort.

34,15 **Raupen:** wie »Grillen«: wunderliche Ideen.

34,23 **Rittergieter:** Rittergüter, Großgrundbesitz mit Herrschaftsrechten.

5. WORT- UND SACHERLÄUTERUNGEN   41

34,25 **unterfertigen:** unterschreiben.
34,34 **Nipper:** Betrüger.
34,37 **dei Weizen blieht:** du bist erfolgreich.
uf de Hobelspäne: Der Sarg wurde mit Hobelspänen ausgepolstert.
34,40 **Kreppe:** kleine Kinder (im älteren Niederdt. *krop*: Kleinvieh).
34,43 **Hehler:** An- und Verkäufer von Diebesgut.
35,7 **'s Vieh behexen:** Nach dem Volksaberglauben kann ein Hexer / eine Hexe das Vieh krank machen, z. B. bei Kühen bewirken, dass sie keine Milch geben.
35,8 **mach ... mei Zeichen:** Die Meinung, dass er über magische Kräfte verfügt, wird von Hornig aufgegriffen/bestätigt.
35,16 **Ingwer:** Kräuterschnaps.
35,42 **zieht uns 's Leder ... ieber die Ohren runter:** zieht das Fell ab, nimmt das Letzte.
egelganz: ununterbrochen und völlig, ganz und gar.
36,2 **Howearbeit:** unbezahlte Arbeit auf dem Gutshof.
36,7 **meent ich ieber'n:** sagte ich zu ihm.
36,8 **streit's ... nich:** schaffe es nicht.
36,17 **Radwern:** Schubkarren.
36,31 **eener:** man.
36,33 **Griebsch:** Kerngehäuse.
36,37 **Mandel:** alte Mengenbezeichnung: 15 Stück.
36,39 **wärt:** Konjunktiv, weil zu ergänzen: wenn schwere Arbeit zu leisten wäre.
36,43 **Bremmerochse:** Dorfbulle, Zuchtstier.
37,9 **Kupsel:** Ziehgurt (vgl. Anm. zu 32,24).
37,13 **Schlichte:** klebrige Flüssigkeit aus Stärkemehl, mit der beim Weben die Kettfäden glatter und fester gemacht werden.

37,20 **de Bache ausfließt, 37,26 eintritt:** der Bach das Dorf verlässt/erreicht. Für Häuser und Felder/Gärten ist talabwärts die bessere Lage: leichter zu bearbeiten, weniger erosionsgefährdet.

37,27 **Klitsche:** kleiner Bauernhof.

37,28 **Schaubennester:** strohgedeckte Hütten (Schaube: Bund Stroh).

37,34 **hier nein:** hier drinnen, in dieser Gegend.

38,7 **Impfstellen:** 1801 hatte die preußische Königin Luise ihre Kinder impfen lassen und dadurch der Pockenimpfung eine zeitweise Popularität verschafft. Durch Reichsgesetz wurde 1874 der Impfzwang eingeführt (und gleichzeitig das Impfen durch nicht befugte Personen bei Strafe verboten).

38,10 **Bader:** eigentlich: Betreiber eines öffentlichen Bades, dann auch Barbier und Wundarzt.

38,11 **Na, nu wird's Tag:** etwa: Da fängt ja eine schöne Geschichte an. Vielleicht auch ironische Anspielung auf die Aufklärung, die sich in der Begeisterung der Dorfburschen für das Impfen zeigt.

38,12 **Teeps:** Lärm, Unruhe.
Leubel: Lümmel.
rumschwuchtern: herumschwärmen.

38,15 **Puttputt:** Geld, eigentlich: der Ruf, mit dem man Hühner zum Füttern lockt, wobei Daumen und Zeigefinger wie beim Geldaufzählen aneinander gerieben werden.

38,16 **harr ock sachte:** mach bloß langsam.
Scheps: dunkles Bier (*Schöps*, »Hammel, Schafbock«, vgl. »Bockbier«).

38,17 **Kaffee lappern:** Kaffee schlürfen.

38,26 **Halbpart:** halbe-halbe.

39,6 **Schurzfell:** lederne Schürze als Schutzkleidung des Schmiedes.

39,16 **Goten:** Kerlen.

39,20 **Was haben die Weber ...:** Vers aus demselben Spottlied, das Neumann und der Lehrling gesungen haben (10,24 ff.).

39,27 **Schneider:** galten verglichen mit den meisten anderen Handwerkern, die schwere körperliche Arbeit verrichten mussten, als schwächlich.

39,35 **Robspier:** Robespierre (1758–94) führender französischer Revolutionär.

39,36 **Allee:** (frz.) »allez«: geh(t) (weg)!

schaff fort: mit Anklang an »Schafott«, erhöhte Stätte für Hinrichtungen.

Giljotine: »Guillotine«, in der Französischen Revolution eingeführtes Hinrichtungsgerät, Fallbeil.

allong sangfang: »Allons enfants«, Anfangsworte der französischen Revolutions-, der heutigen Nationalhymne: »Vorwärts, ihr Kinder (des Vaterlandes)«.

39,42 **schachtert:** schuftet.

40,7 **vom Geiste getrieben:** Der alte Weber gehört einer religiösen Gemeinschaft an, in der spontane, ekstatische Frömmigkeits-/Gottesdienstformen praktiziert werden. Der (theologisch nicht gebildete) Gläubige fühlt sich vom Hl. Geist ergriffen und verkündet in teilweise unverständlichen Wörtern und Silben (»Sprache der Engel«) Lobpreisungen, Bekenntnisse und Prophezeiungen.

40,8 **mit »Zungen« zu reden:** prophetisch (eigentlich: in anderen Sprachen [»Zungen«]) zu reden.

40,10 **ein Gericht:** In der Geheimen Offenbarung, dem letzten Buch des Neuen Testamentes, verkündet ein Engel vom Himmel her, dass die Stunde des Endgerichts gekommen ist.

Herr Zebaoth: prophetischer Gottesname: Herr der Heere/der Scharen.

40,17 **sei Gesetzl beten:** seinen Absatz/Text vortragen.

40,20 **die Helle die Seele ... aufgesperrt:** die Hölle ihr Inneres aufgesperrt.

40,22 **die Sache der Armen:** Der dritte alte Weber zitiert einen Weheruf des Propheten Jesaja gegen diejenigen, die Unrecht als Recht ausgeben (Jes 10,1f.). Die sprachliche Fassung entspricht genau der zu Hauptmanns Jugendzeit gültigen Version der Luther-Bibel.

40,25 **Und doch wie wunderlich ...:** Anfangszeile eines Volksliedes zum Lobe der Weber (deren Arbeit vom Wickelkind bis zum Kaiser alle brauchen).

40,31 **Krien:** Mut, Energie.

40,33 **Forsche:** Forschheit, Tatkraft.

40,39 **ärschlich:** verkehrt herum, kopfüber.

40,40f. **von d'r franzeschen Revolution:** Bei einer früheren Webererhebung in Schlesien 1793 gab es Flugblätter, in denen auf die gleichzeitigen Ereignisse in Frankreich Bezug genommen wurde. Wenn man sich Wittig da als aufgeweckten Dreizehnjährigen vorstellt, so erscheinen die Revolutionskenntnisse und die Revolutionsbegeisterung, mit denen Hauptmann die Figur ausstattet, als möglich und stimmig.

41,5f. **Feindesland:** Seine Kriegserfahrungen könnte Wittig aus den Befreiungskriegen (1813–15) haben (wie Hauptmanns Großvater).

41,7 **bis ock ni falsch:** sei nur nicht beleidigt.

41,9 **plamp ich:** pfeife ich.

Laps: dummer Kerl, einfältiger Mensch (vgl. »läppisch«).

5. WORT- UND SACHERLÄUTERUNGEN 45

41,27 **Schlampanjerwein:** entstellt aus *Champagner* und Überschneidung mit *schlampen* ›schlürfen, schlemmen‹.

41,40 **rumschappern:** zielos herumgehen, -reiten.

42,9 **verklatscht:** denunziert.

42,12 **Reefen:** Reifen. Die hölzernen Speichenräder der Ackerwagen und Kutschen hatten einen eisernen Reifen als Lauffläche.

42,13 **Karnalje:** Kanaille, gemeiner Kerl, Hund.

42,15 **Ochsenziemer:** Peitsche mit mehreren dünnen Lederriemen aus dem getrockneten Ochsenschwanz.

42,20 **Mensche:** hier: (Ehe-)Frau.

42,26 **retiriert er:** (militärisch) zieht er sich zurück.

42,34 **im Stockhause:** im Gefängnis. »Stock« ist ein ausgehöhlter Klotz, Baumstamm, an oder in dem ein Gefangener angeschlossen wird.

43,36 **im frostigen Geschmack:** Einrichtungen der Biedermeierzeit (zweites Viertel des 19. Jh.s) sind in der Regel schlicht, aber stilvoll und nicht ungemütlich. Hauptmann beschreibt hier (wie beim Äußeren der Fabrikantenvillen, vgl. 26,24 ff.) eher den überladenen und geschmacksunsicheren Stil der Gründerzeit nach 1870.

44,14 **Kandidaten:** Amtsbewerber (von der weißen [lat. *candidus*] Kleidung der Amtsbewerber im alten Rom), jemand, der für ein Amt in Aussicht genommen ist, hier ein Theologiestudent in höheren Semestern demnächst für eine kirchliche Anstellung.

45,2 **Wanstsorger:** Wanst: Fettbauch.

45,3 f. **Vögeln ... Lilie:** Kittelhaus mischt Bibelverse (Mt 6,26 ff.) in seine Rede.

45,10 **Toilette:** hier: elegante Aufmachung, prächtige Garderobe.

45,16 **Echauffiert:** erhitzt.

45,28 Whist: Kartenspiel für zweimal zwei Mitspieler.

45,29 f. des Tages Staub und Last: Kittelhaus vermengt zwei Bibelsprüche. »Den Staub von den Füßen schütteln« (d. h. verachtungsvoll weggehen) und »Des Tages Last und Hitze getragen haben« (Mt 10,14 bzw. 20,12).

45,36 insultiert: beleidigt, verhöhnt.

46,10 f. cum grano salis: (lat.) mit einem Körnchen Salz: unter gewissen Einschränkungen (doch, schon).

47,21 vollblütig: Schlaganfallkandidat.
Kavallerieuniform: Der Polizeiverwalter ist offenkundig Reserveoffizier und hält die Uniform für die geeignete Kleidung zur Ausübung seines Dienstes (vgl. Anm. zu 6,2 ff.). Ironischerweise gehört er derselben Truppengattung wie Moritz Jäger an.

47,27 auf der Pike habe: zur Verfolgung, Disziplinierung vorgemerkt/vorgesehen habe.

47,29 Luderleben: Lotterleben, faules, bequemes Leben.

47,37 Kantschu: Peitsche.

47,39 f. ein Exempel statuiert: ein abschreckendes Beispiel gegeben.

47,41 nimmt Stellung: nimmt militärisch stramme Haltung an.

48,6 f. Genugtuung: Wiedergutmachung, Entschuldigung.

48,24 die Schweine gehit't: die Schweine gehütet, d. h. so enge Gemeinschaft gehabt, dass Duzen selbstverständlich wäre.

48,36 Plättbrettl: Bügelbrett. Name des Mädchens nach ihrer früheren Tätigkeit als Büglerin.

48,37 bei der Gesellschaft: bei den feinen Leuten, »Gesellschaft« im Sinne von »gute Gesellschaft«.

49,11 Nu sag bloß: Als ehemaliger Konfirmand lässt sich Jäger vom Pastor ohne Widerspruch duzen.

5. WORT- UND SACHERLÄUTERUNGEN

49,14 **in die Gemeinschaft der Heiligen aufgenommen:** getauft.

49,15 **den Leib des Herrn:** das Abendmahl.

49,19f. **een Taler Geld ufgelegt:** Bei der Konfirmation legt der gerade Konfirmierte auf einen Kollektenteller am Altar eine besondere Opfermünze.

49,25 **Quäker:** Mitglieder einer Freikirche, bei der es keine kirchliche Rangordnung und keine ausgearbeitete Dogmatik gibt (daher vielleicht Jägers Meinung, man glaube als Quäker an nichts).

49,39 **Hetze Menschen:** Menge, Meute (wie bei einer Hetzjagd).
Schwefelbande: Schimpfwort wie einfaches »Bande« (soll auf eine berüchtigte Jenaer Studentenverbindung Sulphuria [lat. *die Schweflige*] im 18. Jh. zurückgehen).

50,13 **Kikeriki:** sog. Katzenmusik, misstönende Geräusche als Verhöhnung.

50,27 **Krakeel:** Lärm, Streit; hier in der zweiten Bedeutung.

50,31 **Skandal:** hier: Lärm.

50,40f. **Humanitätsdusler:** Dusler: Träumer, Dummkopf.

51,2 **hat er den Vogel:** ist er verrückt, haben sich die verkehrten Ideen in seinem Kopf festgesetzt.

51,3 **im Zuge:** in Gang, in Fahrt gekommen.

51,4 **gemalt:** wie gemalt, vollkommen.

51,5 **gebraten:** etwa: bequem eingerichtet, organisiert.

52,14 **Jorgel, Karlchen:** Georg und Karl, die Söhne Dreißigers.

52,23 **riede:** rüde: rohe, grobe.

52,32 **underwegens:** einstweilen (im Sinne von »überhaupt«).

53,9ff. **Ich weeß gar nich:** Die Angst lässt Frau Dreißiger völlig in den Dialekt ihrer Herkunft zurückfallen. »**Kleinliche**« (statt kleine) Verhältnisse ist entlarvende Ironie.

53,17 **Jes's:** Jesses: Jesus.

53,18 **Heller:** kleine Münze.

53,30 **in panischem Schrecken:** kopflos vor Schreck. Nach der griechischen Mythologie flößt der Hirtengott Pan den in der Mittagshitze ruhenden Herden und Hirten durch ein plötzliches Geräusch einen panischen Schrecken ein.

54,2 **ungerochen:** ungerächt (*rächen* früher starkes Verb).

54,8 **Parterre:** Erdgeschoss.

54,9 **Sonnenkoller:** Sonnenstich; Koller: heftiger Zornesanfall, Tobsucht.

54,42 **schipp:** schubse.

54,43 **schirjen:** schürgen, schüren: stoßen, schieben.

55,1 **Wirgebänder:** Würgebänder, wie »Galgenstrick«, hier anerkennend.

55,32 **Such, such:** In der Vorstellung Baumerts verwandelt sich der Gesuchte selbst in einen Spürhund.

56,4 **Was a lustig is:** wozu er Lust hat.

56,6 **steh fer nischt:** übernehme keine Verantwortung.

56,13 **Ritsche:** Fußbank.

56,19 **Prast:** Gerümpel.

56,20 **»Hause«:** Hausflur.

56,29 **Veteran:** Teilnehmer an einem früheren Krieg.

57,5 **Owen d'r Läutrung:** religiöse Vorstellung, dass irdisches Leiden die Seele für den Himmel reinigt, wie der Schmelzofen Metalle rein macht.

57,6 **rasnich:** vgl. Anm. zu 31,17.

57,14 **Strähne:** Garnstränge.

    nächt'n Abend: vgl. Anm. zu 20,23.

57,30 **Schinder:** Abdecker, Tierkadaverbeseitiger, -verwerter.

57,32 **Luder:** Aas.
57,33 **Was Geier:** Wie in der Redensart »Was zum Kuckuck« ist der Vogelname Synonym für »Teufel«.
58,2 **stehst de uf Wache:** stehst du Schmiere; Anspielung auf Hornigs Beihilfe beim Stehlen (vgl. Wiegands Vorwurf der Hehlerei 34,33 ff.).
58,13 **heilig:** vgl. Anm. zu 20,13.
58,15 **plutze:** plötzlich, hier: gleich, sofort.
58,27 **gedemoliert:** überkorrekte Form (bei Fremdwörtern Part. II ohne *ge-*), hier steigernd.
58,29 **Dachreiter:** turmartiger Aufsatz auf dem Dach.
58,30 **Schock:** vgl. Anm. zu 15,21.
58,33 **Indigo:** blauer Textilfarbstoff.
58,35 **geäschert:** geaast, gewütet.
58,39 **verpucht:** (abgemildertes) »verflucht«.
59,7 **wie fersch Lohn:** wie für Lohn, als wenn die Arbeit bezahlt würde.
59,10 **beese Greschl:** ungeklärt; sinngemäß »wie ein bunter Hund«.
59,23 f. **rauskommen sein:** angefangen haben.
59,37 **vorgehabt:** geplant und: ausgeführt.
59,43 **gejähdert:** angejagt, angelaufen.
60,2 **hinter a Oden:** außer Atem.
60,10 **Dare:** (Dirne), Mädchen.
Mausen: Stehlen.
60,36 **feder:** vgl. Anm. zu 27,3.
61,2 **dick hintern Ohren:** es faustdick hinter den Ohren haben: durchtrieben sein.
61,4 **Reißen:** Gliederschmerzen, Rheumatismus.
61,7 **Lichtadern sein … vertrockn't:** volksmedizinisch, aber treffend: mangelnde Durchblutung der Sehnerven schwächt die Sehkraft.

61,10 **'n Versch machen:** sich auf etwas einen Reim machen können: es verstehen, erklären können.
61,15 **renitent:** aufsässig, widerspenstig.
marodieren: plündernd umherziehen.
61,18 **Feffernisse:** Pfeffernüsse: Gebäck aus Pfefferkuchenteig in Form von großen Nüssen.
Rockschöße: Zwischen Stoff und Futter befindet sich eine Art Tasche.
61,19 **Schwernotsmädel:** keckes Mädchen.
61,19f. **Fuchs du hast die … Gans …:** Dass Mielchen die Fortsetzung (gestohlen, gib sie wieder her) nach der Löffelgeschichte nicht herausbringt, kann der Chirurgus nicht ahnen.
61,22 **Kanter:** Kantor, Organist.
61,30 **verfiehren:** vollführen.
61,32 **genatscht:** geschluchzt, geweint.
61,33 **Bittern:** Kräuterschnaps.
61,34 **Gummirädern:** Die Kutsche des Chirurgus hat (anders als die der Fabrikanten) noch eisenbereifte Holzräder.
61,36 **Bunzeltopp:** Bunzlau, Stadt in Niederschlesien, seit dem Mittelalter berühmt für seine Töpfereiwaren.
62,2 **Stichlinge:** Heu-, Mistgabeln.
62,3 **beim oberschten Dittriche:** 65,13 ist von einem anderen Dittrich (eigentlich: Dietrich) genau gegenüber dem Haus Hilses die Rede. Zwei Fabrikanten gleichen Namens werden nach der Lage ihrer Fabriken/Villen im Ort unterschieden.
62,9 **jächern:** schwer atmen, sich abhetzen.
62,14 **meent ieber mich:** sagte zu mir.
62,21 **heiligen Tagen:** kirchlichen Feiertagen.
62,28 **kaffer:** kaure, hocke.

5. WORT- UND SACHERLÄUTERUNGEN 51

Helle: Hölle, der (dunkle und heiße) Raum zwischen Kachelofen und Wand.

62,35 **meschantes:** boshaftes.

62,38 **bigotten:** übertrieben frommen.

63,2 **Hiperle:** Hüpferchen, kleines Wesen.

63,7 **rumpaschen:** herumschmuggeln um.

63,14 **verfallen:** ergänze: dem Teufel.

63,15 **Lappärsche:** Feiglinge (»Lahmärsche«).

Haderlumpe: verstärkend: Lumpen.

63,16 **Gattschliche:** Duckmäuser.

Weechquarkgesichter: Weichkäsegesichter (vgl. Goethe: »Getretener Quark wird breit, nicht stark.« *West-östlicher Divan*, Buch der Sprüche).

63,39 **Schißkojenne:** entstellt aus poln. *wszystko jedno*, alles eins, egal.

63,41 **Jeckerle!:** entstellt: Jesulein.

64,5 **Marterkasten:** hier: Webstuhl.

64,19 **Parte:** Anteil, Lohn.

64,21 **mein ist die Rache:** Der bibelfeste Hilse zitiert einen Spruch des Apostels Paulus gegen Selbstjustiz (Römer 12,19). Die Stelle im Alten Testament, auf die Paulus seinerseits sich bezieht (5 Mose 32,34–41), kontrastiert das rasche und strenge bis grausame Gericht Gottes über die verderbten Feinde des Volkes Israel mit dem göttlichen Mitleid für sein eigenes Volk.

64,34 **knippeldicke:** knüppeldick, dicht gedrängt.

65,9 **gefirre:** gefährlich.

65,11 **in de Mache kriegt:** zur »Bearbeitung« bekommt.

65,18 **underwegens:** vgl. Anm. zu 52,32.

65,19 **Die Brieder:** die aufständischen Weber.

eegne Mucken: eigen(sinnig)e Launen, hier: unverrückbare Absichten.

65,20 **mechan'sche Stiehle:** mechanische Webstühle.
65,38 **Exterei:** Schinderei.
  das Bänkl dricken: am Webstuhl sitzen (vgl.: die Schulbank drücken).
65,39f. **Schaden … antreten:** durch Arbeit am Webstuhl einen Körperschaden zuziehen.
66,33 **Verflugasich:** etwa: verflucht nochmal.
66,39 **Feueresse:** Kamin.
66,41 **Reechenbach:** Reichenbach (Ortsname und Wortspiel).
67,1 **a Gestrichnes:** ergänze: Maß; ein volles Maß im Sinne von: Das würde ihnen nur nützen.
67,2 **Feuerkasse:** hier: Erstattung aus der Brandversicherung.
67,28 **Wer nich mit uns is …:** leicht abgewandelter Bibelvers (Mt 12,30), dort »für mich« (Jesus).
67,29 **schief gewickelt:** im Irrtum.
68,3 **Pirschl:** Bürschchen.
68,13f. **Pickelhauben:** hier: Soldaten (von deren Helm mit langer Spitze).
68,14 **Kommiß:** Militär.
68,16 **Kropp:** Krüppel.
68,19 **iebertrabt:** überdreht, verrückt.
68,21 **fläm'sch:** unverschämt.
68,24 **labern:** dumm daherreden, schwätzen.
69,1 **Hundsfott:** erbärmlicher Kerl (Hundefotze).
69,11 **an kleene Schleuder hab ich:** ich bin etwas durchgedreht, habe einen kleinen Rausch.
70,10 **kuschen:** sich ducken, seine Sache nicht vertreten.
70,16 **ums Kringl:** im Kreis.
70,18 **getreescht:** gespritzt.
70,24 **Wern se nich:** wörtl.: Werden sie nicht? in der Bedeutung: Sie machen es doch tatsächlich.

de Recke hochheben: zur Verspottung der Soldaten (1844 trugen Weberfrauen, Bäuerinnen usw. nichts unter den Röcken).
70,32 **Prellkugel:** Querschläger.
70,35 **Chausseebau:** Chaussee: mit Steinpflaster befestigte Landstraße.
hattjee: »Adieu«.
71,5 **Beim Teiwel:** im Munde Hilses auch in der engeren religiösen Bedeutung: auf der Seite der Sünde.
71,7 **drehnig:** schwindelig, verwirrt.

6. Interpretation

Das Fundament für Hauptmanns Drama ist eine sorgfältige und ungemein anschaulich in diesem wiedergegebene Studie der Arbeits- und Lebensbedingungen der Weber. Die Regiebemerkungen zeichnen ein genaues Bild von Aussehen, Kleidung, Gestik und Haltung der Weber sowie von ihren Arbeits- und Wohnverhältnissen. Weitere Details werden in den unreflektierten Selbstaussagen der Weber sowie den Urteilen anderer über sie mitgeteilt. Es ergibt sich ein Bild, wie es auch ein Sozialwissenschaftler als Ergebnis einer teilnehmenden Beobachtung zeichnen könnte. Bei allen menschlichen Grundbedürfnissen (Nahrung, Kleidung, Wohnung, Gesundheit, Bildung, Sozialkontakt, Selbstverwirklichung durch Arbeit, Selbstbestimmung, Anerkennung) leiden die Weber schweren Mangel. Wirkungsvoll kontrastiert mit dem Mangel auf Seiten der Weber der Überfluss bei den Fabrikanten. Die Stimmigkeit der Sozialskizze und ihre Umsetzung in eindrucksvolle Bilder sind die Grundlagen für den Erfolg der *Weber* als soziales Drama.

Sozialprotokolle

Vor dem Hintergrund der so charakterisierten Gesamtsituation der Weber vollzieht sich eine in sich schlüssige Handlung, oder genauer, eine Handlung, die man schlüssig zusammenfassen kann. Der Fabrikant Dreißiger hat in Anwendung der Marktgesetze (Überangebot an Arbeit senkt den Preis, d.h. den Arbeitslohn) 200 arbeitslosen Webern Arbeit für einen niedrigeren Lohn angeboten. Obwohl die Weber das Angebot annehmen, möchten sie zusammen mit anderen eine Bitte um Lohnerhöhung vortragen. Zwei Fak-

6. INTERPRETATION

toren verschärfen die Situation in unerwarteter Weise. Seit einiger Zeit läuft unter den Webern ein Anklage- und Spottlied gegen die Fabrikanten um. Es hilft den Webern, ihre bisher nur dumpf als allgemeines Unglück empfundene Lage als Unrecht zu durchschauen, das von konkreten Personen durch deren Handeln und Unterlassen verursacht ist.

Zweitens finden die Weber, die bisher ihre Anliegen nur einzeln schüchtern vorgetragen haben, einige energische Anführer. Als Dreißiger einen von ihnen ergreifen lässt, um ihn wegen früherer Provokationen zur Rechenschaft zu ziehen, kommt es zur Eskalation. Die Weber befreien ihren Genossen, vertreiben Dreißiger und seine Familie, plündern und demolieren die Villa und die Lagerräume der Fabrik. Am Folgetag wiederholen sich solche Angriffe im Nachbarort. Eingesetztes Militär tötet und verwundet einige Weber, muss sich aber vor der Menge der Weber zurückziehen.

Man erkennt, dass das Geschehen insofern folgerichtig abläuft, als jeweils ein Schritt einen Folgeschritt nach sich zieht. Aber wenige dieser Schritte beruhen auf Handlungen, die in klaren Überlegungen gründen oder von langer Hand vorbereitet sind. Der Ablauf wird nicht vom Willen sich frei entscheidender Personen (von »Helden«) hervorgebracht, sondern entspringt den Umständen und verschiedenen Zufällen.

Zufälle und Konsequenzen

Schon Kritikern und Publikum zur Zeit der Uraufführung(en) der *Weber* sind das Fehlen eines Helden und einer Dramenhandlung im herkömmlichen Sinne in Hauptmanns neuem Stück aufgefallen.

Kein Held – keine übliche Handlung

Dabei herrschten seinerzeit allgemein anerkannte Vorstellungen darüber, wie ein schulmäßiges Drama auszusehen hat. Es sollte eine klare Bauform haben (am besten nach dem Fünf-Akte-Schema: Exposition, Verwicklung, Höhepunkt, retardierendes Moment, Katastrophe oder Lösung) und die drei Einheiten des Raumes (einheitlicher Schauplatz), der Zeit (Ablauf innerhalb 24 Stunden) und der Handlung (vollständige Durchführung eines einzigen Grundmotivs ohne Episoden, Nebenhandlungen nur in direktem Sinnbezug zum Hauptmotiv) berücksichtigen.

Dass Hauptmanns Drama trotz der Gliederung in fünf Akte einen ganz anderen Dramentyp darstellt, ist offenkundig. Im Rückblick hat man erkannt, dass in den *Webern* vieles von dem vorweggenommen ist, was Bertolt Brecht als Episches Theater theoretisch formuliert und in seinen Stücken praktiziert hat (demonstrierend-erzählende Form, Akzent auf dem Gang der Handlung, nicht auf dem Ausgang, Einzelszenen, Kurven und Sprünge statt einer festgefügten Bauform; am wenigsten noch Distanz des Zuschauers zur Handlung, um ihn zu Urteil und Kritik zu führen).

> Episches Theater

Dass Hauptmanns Drama Leben und Leiden der Weber so umfassend darstellt, ist nur möglich, weil es sich nicht auf ein Geschehen beschränkt, das durch das Reden und Handeln einzelner Dramenfiguren zustande kommt, sondern weil ein im Drama nicht sichtbares, aber zu erschließendes episches Ich mitteilt, was es aus seiner Gesamtsicht weiß. Erkennbar wird das epische Ich z. B. in dem Teil der Regiebemerkungen, der nicht bloß äußerlich Sichtbares beschreibt – wie es der Theorie des Naturalismus entspräche –, sondern Grundbefindlichkeiten der Personen mitteilt (»sie gleichen Menschen, die vor die Schranken des Gerichts gestellt sind«, 7,19 f.).

Worin das Neue in Hauptmanns Drama besteht, lässt sich am besten erkennen, wenn man die Bedeutung der Form im klassischen Drama bestimmt. Sie war die genaue Entsprechung bestimmter Grundüberzeugungen, dass nämlich die Welt im Prinzip wohlgeordnet ist (von Gott / der Natur, einer göttlichen oder allgemeinen Vernunft), dass in ihr mit Verstand und freiem Willen ausgestattete Individuen sich auf gleicher Höhe gegenüberstehen und in Rede und Gegenrede die Handlungen erzeugen, die ihr eigenes und das gemeinsame Schicksal bestimmen. Mögliche sittliche Konflikte (der Zwang zur Wahl zwischen gleich hohen Werten und dadurch tragisches Scheitern des Einzelnen) ändern nichts an der Vernünftigkeit des Ganzen.

Es braucht nicht im Einzelnen nachgezeichnet zu werden, in welchen Schritten (durch die Emanzipation der Philosophie von der Theologie, durch die philosophische Religionskritik, durch die Entwicklung der Naturwissenschaften) dieses geschlossene Weltbild seine Gültigkeit verloren hat. Jedenfalls hatte um 1890 kein einziges seiner Elemente mehr Bestand. Hauptmanns Verzicht auf einen Helden, die Nichtberücksichtigung der drei Einheiten, die Auflösung der Handlung in eine Reihe kurzer Einzelszenen sind also keine künstlerischen Defizite, sondern formale Entsprechungen der gewandelten Weltsicht (d. h. der Einsicht in das Wirken irrationaler Kräfte im Einzelnen und der Gesellschaft, in die Triebbestimmtheit des Menschen, in das Fehlen eines erkennbaren Gesamtsinns in der Geschichte). Alles andere wäre epigonal gewesen. Dabei muss Hauptmann der Zusammenhang zwischen den modernen weltanschaulichen Überzeugungen, die er teilte, und der offenen Form, die er für sein

> *Die offene Form: Spiegel eines illusionslosen Weltbildes*

Drama wählte, nicht unbedingt bewusst gewesen sein. Er war sicher kein theoretische Kopf. Aber er war mit Intuition und hoher dichterischer Inspirationskraft begabt. Deshalb ist sein Drama auch unter theoretischen Aspekten ganz auf der Höhe der Zeit.

Der besondere künstlerische Rang der *Weber* ist schon von den Zeitgenossen erkannt worden, wenigstens von den unvoreingenommenen, mit Kunstverstand, wie Theodor Fontane,[5] einem der Besucher der Erstaufführung von 1894. Versucht man zu bestimmen, welche Komponenten zu diesem Rang beitragen, so sind es außer den schon genannten (einer stimmigen Sozialskizze, einer als schlüssig erkennbaren Handlung und einer dramatischen Form, die genau zum Welt- und Menschenbild des Stückes passt) vor allem Qualitäten, die zeigen, dass Hauptmann innerhalb weniger Jahre ein erfahrener Theaterpraktiker geworden war.

Die Haupt- und viele Nebenfiguren des Dramas sind lebenswahre, als Individuen erkennbare Menschen. Durch wenige Charakterzüge und Redewendungen werden sie so plastisch dargestellt, dass der Zuschauer sich eine deutliche Vorstellung von den Personen bilden kann. Gelegentlich erweitert sich die Einzelcharakterisierung zu allgemeiner Bedeutung. Ansorges wiederholtes »Nu ja ja! – Nu nee nee!« (23,39 u. ö.) charakterisiert nicht nur den Mann, sondern fasst die unentschiedene Haltung der Weber sinnbildhaft zusammen. Baumerts kleiner Schwips vom Plünderwein (66,13 ff.) zeigt nicht nur, dass der alte Baumert nach langem Darben keinen Alkohol mehr verträgt, sondern dass die Welt der Weber überhaupt ins Schwanken gekommen ist. Dreißigers

> Sprache macht den Charakter

›Schwerhörigkeit‹ – ein aus der Ohnmacht erwachendes Kind kann wirklich nur flüstern – entlarvt die Scheinfürsorge des Fabrikanten, der nicht hören kann/will, dass jemand hungert (14,28).

Im Neben- und Gegeneinander vieler genau erfasster Stimmen entwickelt sich die Handlung und entsteht ein Bild von der Welt der Weber.

Theaterwirksame Einzelszenen, die sich in Rede und Gegenrede rasch konflikthaft steigern (Bäcker – Dreißiger, Hornig – Wiegand, Wittig – Kutsche, Jäger – Heide, Hilse – Luise) bringen Spannung in das Geschehen. Dabei nutzt Hauptmann die Möglichkeit der Bühne, verschiedene Handlungsstränge simultan ablaufen zu lassen. Zum Beispiel überschneiden sich im ersten Akt die Auseinandersetzungen mit Bäcker und die Geschehnisse um den ohnmächtig gewordenen Jungen.

Ein Prinzip der Steigerung durchzieht das ganze Drama. Von Akt zu Akt nehmen die Erregung der Weber und die Gewaltsamkeit, mit der sie sich zur Wehr setzten, zu. Auch die Steigerungen macht Hauptmann an scheinbaren Kleinigkeiten fest. Wenn Dreißiger gesagt hat, sich täglich eine Quarkschnitte erarbeiten zu können, sei immer noch besser, als zu hungern (16,41 ff.) – eine zwar nicht freundliche, aber einigermaßen sachliche Feststellung –, wird in den Parolen der Weber daraus, er habe gesagt, sie würden noch für eine Quarkschnitte arbeiten (40,35 f.), ein empörender Satz, der die totale Kapitulation der Weber zur Voraussetzung hätte.

Steigerungsprinzip

Alle fünf Aktschlüsse kombinieren ein eindrucksvolles szenisches Bild mit einem Schlusswort, das wie eine Maxime die Situation zusammenfasst.

I. Die Aussichtslosigkeit der Lage der Weber bei Ankündigung des niedrigeren Lohnes und Baumerts resigniertironischer Kommentar »Nu das macht sich!« (17,32).

II. Der vom Dreißigerlied angefachte, diffuse Wille zu Veränderung und Widerstand und Ansorges unklares, nur scheinbar energisches »Mir leiden's nimehr, mag kommen, was will« (19,39 f.).

III. Die ziellos kreisenden Vorbereitungen der Weber für den Bittgang zu Dreißiger und Hornigs philosophische Erklärung, warum auch Ältere wie Baumert sich von der Erregung anstecken lassen »A jeder Mensch hat halt 'ne Sehnsucht« (43,33).

IV. Der – von gespenstischer Ruhe und Disziplin begleitete – Gewaltausbruch der Weber in Dreißigers Salon und Ansorges Auge-um-Auge-Satz »Nimmst du m'r mei Häusl, nehm ich d'r dei Häusl« (56,8).

V. Der tote Hilse, dessen Enkelkind nichts verstehen und dessen erblindete Frau nicht sehen kann. Sie spricht das Schlusswort, das durch die Art, wie es eingeführt wird, und die Stelle, an der es steht, zu einer allgemeinen Existenzaussage wird: »'s kann een'n ja ornlich angst werd'n« (71,23 f.).

Variation und Steigerung bestimmen auch den Einsatz des Weberliedes, das wie ein Leitmotiv das Drama durchzieht. Im ersten Akt wird es nur erwähnt (12,37), im zweiten liest Jäger einige Strophen vor (38,13 ff.), im dritten singen Bäcker und seine Gesellen es im Wirtshaus (38,39 f.; 43,1 ff.) und die Obrigkeit versucht, es zu verbieten (42,31 ff.), im vierten klingt es beim Sturm auf Dreißigers Villa aus dem Fabrikhof herauf (45,42 f.), im fünften hört man es »vielhundertstimmig« (64,27). Dazu hat Hauptmann Inhalte des Liedes direkt in die Handlung übernommen (das ausbeuterische Verhalten, Str. 7) oder Dramenfiguren in den Mund gelegt, ohne dass der Bezug zum Lied ohne weiteres erkennbar wäre (die Schilderung des Wohllebens, Str. 6, 23, 24; den Gedanke an die Rechenschaft im Jenseits, Str. 12ff.).

In seiner Abhandlung *Geschlossene und offene Form im Drama* hat V. Klotz die metaphorische Verklammerung als eines der wichtigsten Kunstmittel im Drama der offenen Form herausgestellt.[6] Wie Hauptmann dieses Mittel in den *Webern* einsetzt, zeigt, dass er mit weit über handwerkliches Können hinausgehendem (bewusstem oder intuitivem) Kunstverstand gearbeitet hat. Er bedient sich dabei zweier zentraler Metaphern, der Gerichtsmetapher und der Kreis-/Kreiselmetapher.

> Metaphorische Verklammerung

Offenkundig ist die Gerichtsmetapher eng mit dem Inhalt des Dramas verknüpft. Das Weberlied gibt sie vor. Schon in den Regieanweisungen zum ersten Akt heißt es, die Weber glichen Menschen, »die vor die Schranken des Gerichts gestellt sind« (7,19f.). Pfeiffer gestaltet die Warenannahme wie ein Verhör. Immer wieder geht es im Drama um das Rechenschaft-Ablegen (10,3), ums Heimzahlen (62,17), um die Frage, ob kein Gesetz die Ausbeutung verbietet (25,31), ob Reichtum ein Verbrechen ist (53,11; indirekt auch 53,19), was die kleinen Kinder verbrochen haben, dass sie um ihr Lebensrecht gebracht werden (63,8), um den Aufruf, sich selbst Recht zu schaffen (66,12). In scharfem Kontrast zu allen Fragen nach der irdischen Gerechtigkeit steht Hilses unerschütterlicher Glaube, dass erst im Jenseits göttliche Gerechtigkeit (und Rache) herrschen werden (64,20ff.).

> Gerichtsmetapher

In den zahlreichen Kreis- und Kreiselbewegungen, die den Duktus der Rede und die Richtung des Handelns der Weber be-

> Kreismetapher

stimmen, sind formale Hinweise auf die Ausweglosigkeit aller ihrer Anstrengungen enthalten. Zwar hat Hauptmann die Niederlage der Weber als historisches Ereignis nicht mehr ins Drama einbezogen – in dieser Hinsicht endet das Stück mit den Hurrarufen nach erfolgreichem Verjagen der Soldaten –, aber dass dem Zuschauer kein künftiger Sieg der Weber versprochen wird, ist unverkennbar. Von Anfang an sind die Weber unsicher und verwirrt. Im wörtlichen Sinne ist ihnen schwindlig. Bäcker nennt den Zustand nach der endlosen und eintönigen Tagesarbeit »halb drehnig vor Staub und Gluthitze« (12,4f.).

Baumert lässt sich zu »deliranter (d.i. verwirrter) Raserei« (19,28) hinreißen, und Ansorge »dreht sich's ums Kreisel rum« (56,3f.). Bei der Unterhaltung Jägers mit Baumert und Ansorge kreist die Branntweinflasche (23,25 ff.). Im Hause Hilses dann ist Baumert »schon etwas unsicher auf den Füßen« (66,13). Noch der zu Tode verwundete Weber, den Mielchen beobachtet, »dreht sich so ums Kringl rum, immer ums Rädl rum« (70,16). Vordergründig haben die von Jäger und Bäcker geführten Weberscharen jeweils ein Ziel, die Villa Dreißigers am Ende des dritten, die Häuser anderer Weber auf der Suche nach Verstärkung im fünften Akt. Trotzdem wirkt die Art, wie sie sich durch die Bühnenräume (das Wirtshaus, Stube und Flur bei Hilse) bewegen, eher wie das An- und Abschwellen einer Welle, also wie eine zyklische Bewegung.

Den Zweifel an einem guten Ausgang hat Hauptmann im Schlussbild angedeutet. Dabei ist nicht der Tod Hilses an sich entscheidend. Das Sterben anderer Weber ist sachlich nüchtern erwähnt worden (beim Vater von Emma Baumerts Kind, 21,42; sogar der Selbstmord von Weber Nentwich wird emotionslos mitgeteilt, 15,1f.). Auch ist der

Tod dem alten Hilse nicht unerwünscht. Aber die Art, wie sein Tod zustande kommt, und die Art, wie er unaufgelöst bleibt, ohne dass eine menschliche Reaktion auf ihn gezeigt wird, lassen wenig Hoffnung auf Besserung des sozialen Elends.

Hauptmann hat sich in seinen Berliner Jahren mit Georg Büchner (1813–37), der Ende des 19. Jahrhunderts ein weitgehend vergessener Dichter war, beschäftigt und in einem literarischen Zirkel der naturalistischen Avantgarde einen Vortrag über ihn gehalten. In Büchners Drama *Woyzeck* findet sich eine Szene, in der die Großmutter ein Märchen erzählt[7]. Die Situation im Märchen (»... ein arm Kind hatt kein Vater und keine Mutter, war alles tot, und war niemand mehr auf der Welt«) ähnelt der im Schlussbild der *Weber* (von Mielchen aus gesehen: Vater und Mutter sind draußen in Lebensgefahr, der Großvater ist tot, es ist allein mit der hilflosen Großmutter). Büchners Märchen fasst eine Weltsicht in ein Bild, die sich so bestimmen lässt: Der Mensch findet sich allein in einem (sinn)leeren Kosmos, sodass (endlose) Trauer die einzig angemessene Reaktion bleibt. Von vergleichbarem Pessimismus ist eine Grundidee Hauptmanns, die er häufiger formuliert hat

> Existenzieller Pessimismus

und in seinen Werken hat durchscheinen lassen. Der Weltgrund selbst beruht auf einem endlosen Kampf, auf Qual und Leid, und alles Leid der Menschen liegt in diesem Weltkampf beschlossen. Ohne dass dadurch der Charakter der *Weber* als soziales Drama verloren geht, weil von der unbestechlichen Lageanalyse nicht abgegangen wird, hat Hauptmann im Schlussbild seines Stückes eine Weltaussage formuliert, die weit über soziale Fragen hinausgeht und religiös-existenzielle Dimensionen erreicht.

7. Autor und Zeit

»Meine Epoche beginnt mit 1870 und endet mit dem Reichstagsbrand« (28. 2. 1933), hat Hauptmann im Sommer 1933 zu einem Freund und Mitarbeiter gesagt.[8] Dabei steht »1870« hier eher für die Reichsgründung (eigentlich 1871) als für den in ihre Vorgeschichte gehörenden deutsch-französischen Krieg von 1870/71. Hauptmann sieht also unter der Perspektive seines Lebens und Dichtens Kaiserreich und Weimarer Republik als Einheit und spürt, dass die Machtübernahme Hitlers für seine eigene Rolle im geistigen Deutschland einen Wende- und Endpunkt bedeutet.

Tatsächlich sind die Nationalsozialisten – um das vorwegzunehmen – Hauptmann, den sie als Repräsentanten des von ihnen scharf abgelehnten »Systems« von Weimar betrachteten, mit Misstrauen begegnet und haben ihn an den Rand geschoben. Zögerte er mit einer Stellungnahme zu Gunsten des Regimes, wurde er für sein Schweigen getadelt, ließ er sich zu einer Loyalitätsbekundung bringen – wie März 1933 –, wegen seiner Nachgiebigkeit verspottet. Der vor 1933 mit Hauptmann befreundete Theaterkritiker Alfred Kerr hat Hauptmann wegen solcher Äußerungen mit dauerndem Hass verfolgt. Andere (z. B. Julius Bab) sind der Meinung, dass Hauptmann sich nicht wirklich kompromittierend mit den Nazis eingelassen hat.[9]

Seine ersten Erfolge feierte Hauptmann als naturalistischer Dramatiker. Für wenige Jahre befand er sich in Berlin, der Hauptstadt der neuen literarischen Bewegung, und stand in Verbindung mit den fortschrittlichsten und anregendsten Köpfen der jungen Literatur. Unter seinem

Auf der Höhe der Zeit

Gerhart Hauptmann
Foto von Wilhelm Fechner, 1900
© akg-images

Publikum waren viele antiwilhelminische Intellektuelle, die ihrem Autor zujubelten, ein Bekenntnis zur Sozialdemokratie hingegen scheuten.

Aber auch in seinen Anfängen war Hauptmann nie nur Naturalist. Sein sehr erfolgreiches Märchenspiel *Hanneles Himmelfahrt* ist im selben Jahr wie die *Weber* uraufgeführt worden. Hauptmann hatte – schon im Kaiserreich – dauerhafte Erfolge bei einem Publikum, das weit über die großstädtischen und durch bewusste Modernität bestimmten Kreise hinausreichte. Er selbst war mehr als durch Großstadt und Moderne durch seine Herkunft aus der schlesischen Provinz geprägt. Nach innen gewendete Religiosität, in Märchen und Mythen gespiegelte Naturbeseelung, Hochschätzung für die unverfälschte Natürlichkeit einfacher Leute und der Glaube an einen vitalen Urgrund, der Leben und Schicksal bestimmt, waren für ihn leitende Ideen.

Ein robuster Sohn der schlesischen Erde

Alle bedeutenden Werke Hauptmanns sind vor 1914 entstanden. In einer Phase großer künstlerischer Produktivität von knapp zwei Jahrzehnten hat Hauptmann alles geschaffen, was durch literarische Neuheit und dichterische Tiefe in seinem Werk Bedeutung hat. Was nach 1914/18 folgt, ist literarisch schwächer, Eigen- oder Fremdnachahmung, von unklarer Gedanklichkeit. Dem Erfolg bei Kritik und Publikum hat das zunächst nicht geschadet. Hauptmann hat es verstanden, den Ruhm, den er vor 1914 zu Recht erworben hatte, zu verwalten und von ihm zu leben. Er kannte die Bedeutung des Literaturbetriebes und hat ihn durch viele Veröffentlichungen – häufig im Jahresrhythmus – bedient.

Hauptmann wollte sich nicht mit Goethe vergleichen,

aber es gefiel ihm, mit dem Klassiker verglichen zu werden. Er sah sich selbst als demokratischen Dichterfürsten, dessen Pazifismus das wilhelminische System besiegt hatte und dessen Sympathie für das einfache Volk und Eintreten für seine sozialen Belange ihn in die Nähe der – nach 1918 staatstragenden – Sozialdemokratie brachten. Dass überhaupt das Gerücht aufkommen konnte, er werde für eine Reichspräsidentenwahl kandidieren (es kam dann 1922 doch zu keiner Volkswahl des Präsidenten, sondern der Reichstag verlängerte das Mandat Friedrich Eberts), zeigt, welche Suggestion von seiner gleichzeitig schlichten und geheimnisvollen Persönlichkeit ausging. Beim Festakt zu Hauptmanns 60. Geburtstag – einer Art Dichterkrönung durch die Republik – saß der Geehrte in der Aula der Berliner Universität zwischen dem Reichspräsidenten und dem Reichstagspräsidenten, was der Festredner, der Germanist Julius Petersen, noch im letzten Moment zu verhindern versucht hatte: zwei Sozialdemokraten seien der Universität nicht zuzumuten. Auch die Studentenschaft hatte ihre Vertreter aufgefordert, der Feier fernzubleiben. Nach Hauptmanns Bekenntnis zur Republik könne er nicht mehr als aufrechter Deutscher betrachtet werden.

Ein demokratischer Dichterfürst

In Hauptmanns Werken spiegeln sich die wichtigsten gesellschaftlichen und politischen Ereignisse seiner Epoche, besonders solche, die für die Miterlebenden schmerzlich und beunruhigend waren, von der Industrialisierung (*Vor Sonnenaufgang*) über die Sozialistenverfolgung (*Der Biberpelz*) und die Gründerzeit mit ihren spezifischen Generationskonflikten (*Einsame Menschen*) bis zur Niederlage im Ersten Weltkrieg (*Till Eulenspiegel*).

Das Werk: ein Spiegel der Epoche

Dabei folgen die literarischen Verarbeitungen dem Geschehen im Abstand von mehreren Jahren, sodass die Leser/Zuschauer zwar wiederfanden, was sie aus eigenem Erleben kannten, gleichzeitig aber wussten, dass die meisten Schwierigkeiten inzwischen überwunden waren. Diese Verbindung von Aktualität und Beruhigung ist einer der wichtigsten Faktoren für Hauptmanns enorme Publikumserfolge in »seiner« – mit 1933 endenden – Epoche.

Lebensdaten

1862 15.11. Gerhart Hauptmann in Ober-Salzbrunn (Schlesien) geboren als viertes und jüngstes Kind des Gasthofbesitzers Robert Hauptmann und seiner Frau Marie.
1874 Besuch der Realschule in Breslau, vorzeitiger Schulabgang (1878).
1878 Landwirtschaftslehrling auf einem Rittergut und dem Gut eines Onkels, Abbruch der Lehre aus Gesundheitsgründen (1879).
1879 Erfolglose Vorbereitung auf das Einjährigen-Examen.
1880 Besuch der Königlichen Kunst- und Gewerbeschule in Breslau, Abgang mit der Mittleren Reife (1882).
1881 Verlobung mit der Großkaufmannstochter Marie Thienemann, langfristige wirtschaftliche Sicherung.
1882 Studium in Jena (bis 1883).
1883 Mittelmeerreise, Aufenthalt als freier Bildhauer in Rom (bis 1884).
1884 Typhuserkrankung zwingt zur Rückkehr, Zeichenausbildung in Dresden, Studium in Breslau (bis 1885), Schauspielunterricht.

1885 Heirat mit Marie Thienemann. Lebt als freier Schriftsteller in und bei Berlin (bis 1891). Enge Beziehung zur literarischen Moderne in Berlin (Dichterkreis »Durch!«).
1886/87/89 Geburt der Söhne Ivo (gest. 1973), Eckhart (gest. 1980) und Klemens (gest. 1967).
1888 Mehrmonatiger Aufenthalt in Zürich bei der Familie des Bruders Carl (1858–1921).
1891 Umzug nach Schreiberhau im Riesengebirge (Aufenthalt bis 1894).
1894 Erste Amerikareise; Trennung von Frau und Kindern, die nach Dresden ziehen. Hauptmann lebt abwechselnd in Berlin, Schreiberhau, Italien und auf Hiddensee bei Rügen.
1896 Erste Verleihung des Grillparzer-Preises durch die Kaiserliche Akademie der Wissenschaften in Wien; die Verleihung des Schillerpreises scheitert am Widerstand Wilhelms II.
1897 Große Italienreise mit der Geigerin Margarethe Marschall.
1899 Zweite Verleihung des Grillparzer-Preises und nochmalige Verweigerung des Schillerpreises durch Wilhelm II.
1900 Geburt des vierten Sohnes Benvenuto (gest. 1965), Mutter: Margarethe Marschall.
1901 Bezug der schlossartigen Villa »Haus Wiesenstein« in Agnetendorf im Riesengebirge; lebenslanger Hauptwohnsitz.
1904 Scheidung von Marie H. (gest. 1914) und Eheschließung mit Margarethe Marschall (1875–1957).
1905 Dritte Verleihung des Grillparzer-Preises, Verleihung des neu geschaffenen Volks-Schillerpreises

und der Ehrendoktorwürde der Universität Oxford.

1907 Griechenlandreise (März–Mai).

1909 Erste große Vorlesungsreise: Berlin, Hamburg, Wien, Prag, Leipzig, München, Dresden; Verleihung der Ehrendoktorwürde in Leipzig.

1910 Geburt des fünften Sohnes Gerhard Erwin, der nach zwei Tagen stirbt.

1911 Verleihung des Königlich Bayrischen Maximiliansordens.

1912 Verleihung des Nobelpreises für Literatur; Festakt zu Ehren des 50. Geburtstags im Hotel Adlon in Berlin.

1913 Das Auftragswerk zur 100-Jahr-Feier der Befreiungskriege »Festspiel in deutschen Reimen« führt wegen seines pazifistischen Inhalts zu demonstrativer Ablehnung durch den Kronprinzen.

1914 Öffentliches Engagement für den Krieg (Kriegslyrik).

1915 Verleihung des (preußischen) Roten-Adler-Ordens IV. Klasse (der niedrigsten Stufe).

1918 Bekenntnis zur Republik.

1921 Spekulationen um eine Reichspräsidentschaftskandidatur Hauptmanns; Verleihung der Ehrendoktorwürde der Deutschen Universität Prag.

1922 Außerordentliche Würdigungen anlässlich des 60. Geburtstags: Gerhart-Hauptmann-Festspiele in Breslau (Aufführung von 14 Dramen), Gesamtausgabe der Werke in 12 Bänden, Verleihung des Adlerschildes des Deutschen Reiches (Hauptmann erster Ordensträger).

1924 Verleihung des Ordens »Pour le Mérite« (Friedensklasse).

1925 Hauptmann verbringt jährlich einige Monate in Rapallo (bis 1938).
1928 Eintritt in die Sektion Dichtkunst der Preußischen Akademie der Künste (1926 hatte Hauptmann den Eintritt abgelehnt).
1929 Erwerb eines Hauses auf Hiddensee bei Rügen.
1932 Zweite Amerikareise (Februar/März) aus Anlass des Goethejahres, Ehrendoktorwürde der Columbia-University; Goethepreis der Stadt Frankfurt, Verleihung der Goldenen Preußischen Staatsmedaille, zahlreiche Ehrungen aus Anlass des 70. Geburtstags.
1933 Loyalitätsbekenntnis zum neuen Regime, Zustimmung zum Austritt Deutschlands aus dem Völkerbund.
1934 Teilnahme an der Beerdigung der jüdischen Freunde Samuel Fischer und Max Pinkus.
1942 Zum 80. Geburtstag erscheint die Ausgabe letzter Hand der Gesammelten Werke in 17 Bänden. Die offizielle Kulturpolitik lässt keine Geburtstagsfeiern an zentralen Orten (Berlin, Wien), wohl aber in Breslau zu.
1945 Erlebnis des Luftangriffs auf Dresden (Februar); Krankheit und Pflegebedürftigkeit. Eroberung Schlesiens durch die Rote Armee. Hauptmann darf in Haus Wiesenstein wohnen bleiben. Besuch einer Delegation des »Kulturbunds zur demokratischen Erneuerung« unter Leitung des späteren Kultusministers der DDR Johannes R. Becher. Hauptmann erklärt sich bereit, als Ehrenpräsident mitzuwirken.
1946 Kurz vor Vollstreckung eines polnischen Ausweisungsbefehls stirbt Hauptmann am 6. Juni in seinem Haus. Überführung nach Hiddensee und Beisetzung auf dem Friedhof in Kloster (28. Juli).

Werkverzeichnis/Werkübersicht

Dramen

Der Weltruhm Hauptmanns beruht auf seinen dramatischen Dichtungen, obwohl sie nur rund die Hälfte seines Gesamtwerks ausmachen. Zu Lebzeiten Hauptmanns wurden 45 Dramen veröffentlicht, weitere drei Dramen sowie zehn große und zahlreiche kleinere Fragmente aus dem Nachlass. Die wichtigsten Titel sind:

Vor Sonnenaufgang. Soziales Drama (1889)
Das Friedensfest. Eine Familienkatastrophe (1890)
Einsame Menschen. Drama (1891)
Die Weber. Schauspiel (1892)
Der Biberpelz. Eine Diebskomödie (1893)
Hanneles Himmelfahrt. Traumdichtung (1894)
Florian Geyer. Eine Tragödie des Bauernkrieges (1896)
Die versunkene Glocke. Ein deutsches Märchendrama (1897)
Fuhrmann Henschel. Schauspiel (1899)
Michael Kramer. Drama (1900)
Rose Bernd. Schauspiel (1903)
Und Pippa tanzt! Ein Glashüttenmärchen (1906)
Die Ratten. Berliner Tragikomödie (1911)
Gabriel Schillings Flucht. Drama (1912)
Winterballade. Tragödie (1917)
Vor Sonnenuntergang. Schauspiel (1932)
Die Tochter der Kathedrale. Dramatische Dichtung (1939)
Iphigenie in Delphi (1941)

Lyrik

Gerhart Hauptmann hat lebenslang Gedichte geschrieben. Das gehörte seiner Auffassung nach zur Dichterrolle. Rund 350 Gedichte hat er selbst in zwei Bänden zusammengefasst (1888 – veröffentlicht erst 1924 – und 1939). Aus dem Nachlass wurden noch über 100 Gedichte publiziert. Die meisten Texte gehören der klassisch-epigonalen Tradition an. Ein bedeutendes Zeitzeugnis ist das Neujahrsgedicht auf den 1. Januar 1945.

Versepik

Hauptmann hat immerhin sechs Texte dieser schon im 19. Jahrhundert unüblich werdenden und im 20. Jahrhundert nur noch vereinzelt auftretenden und nicht mehr auflebenden Form gedichtet. Exemplarisch sei genannt:

Des großen Kampffliegers, Landfahrers, Gauklers und Magiers Till Eulenspiegel Abenteuer, Streiche, Gaukeleien, Gesichte und Träume (1928)

Romane

Zwischen 1910 und 1939 hat Hauptmann fünf umfangreiche Romane veröffentlicht. Hinzu kommen ein größeres und zahlreiche kleinere Fragmente aus dem Nachlass. Häufig verarbeitet Hauptmann in seinen Romanen eigenen Lebensstoff (Familiengeschichte, Eheprobleme, künstlerische Berufung, religiöse Suche). Als Beispiel:

Der Narr in Christo Emanuel Quint (1910)

Erzählungen

11 Texte wurden zu Lebzeiten veröffentlicht, über 20 Fragmente in z. T. mehreren Fassungen aus dem Nachlass.

Bahnwärter Thiel (1888, erste Buchausgabe 1892)
Der Ketzer von Saona (1918)
Das Meerwunder. Eine unwahrscheinliche Geschichte (1924)

Weitere Prosa

Hauptmann selbst hat 1932 eine Sammlung seiner Reden, Vorträge usw. mit 56 Stücken herausgebracht. Der Schwerpunkt liegt bei künstlerischen und Theaterfragen, Dankreden für Ehrungen, Grußadressen und Nachrufen. Der Nachlass enthält einen weiteren umfangreichen Komplex von über 200 Stücken. In beiden Teilen finden sich auch wichtige Beispiele politischer Publizistik. Bemerkenswert sind das Eintreten für die Weimarer Republik (besonders in deren Anfangsphase), aber auch das von den seinerzeit amtlich verordneten Durchhalteparolen und vom Feindeshass ganz freie Gedenkblatt zur Bombenzerstörung Dresdens.

Autobiographie

Es gibt drei selbstständige Veröffentlichungen und drei Fragment gebliebene Entwürfe. Am bekanntesten ist *Das Abenteuer meiner Jugend* (1937), eine rückblickend aus der Sicht des Alters und in Anlehnung an Goethes *Dichtung und Wahrheit* geschriebene Darstellung seiner »Dichterwerdung«, die leider vor Beginn der künstlerischen Produktion und dem Eintritt Hauptmanns in das literarische Leben abbricht (ca. 1889).

Nicht berücksichtigt sind in dieser Übersicht frühe dramatische und lyrische Versuche aus der Schul- und Jugendzeit sowie einige gattungsmäßig schwer zuzuordnende Texte (Meditationen, Phantasien), ein Künstleressay und rund 500 Aphorismen und Gedankensplitter.

8. Rezeption

Entsprechend dem Doppelcharakter der *Weber* als (bürgerlichem) Mitleidsdrama und sozialrevolutionärem (Anklage-)Stück entwickelte sich auch eine doppelgleisige Rezeption.

Erfolg der Weber beim proletarischen und beim bürgerlichen Publikum

Noch vor der öffentlichen Premiere gab es Aufführungen in Theatervereinen der politisch-gewerkschaftlich organisierten Arbeiterschaft (Neue Freie Volksbühne und Freie Volksbühne, beide Berlin 1893). Insbesondere im Ausland war die frühe Geschichte der *Weber*-Rezeption eng mit dem internationalen Sozialismus und Anarchismus verbunden. In Brüssel wurden bei der ersten Aufführung im Theatersaal anarchistische Flugblätter geworfen. In New York engagierte sich ein führender Anarchist für die Erstaufführung. In London spielten Laiendarsteller der Kommunistischen Arbeiterunion *Die Weber* zum ersten Mal. In Russland verhinderte die zaristische Polizei, die die Schauspieler vor der Premiere verhaftete, einen ersten Aufführungsversuch. Erst nach der ersten russischen Revolution 1905 konnten *Die Weber* an einigen Provinzbühnen herausgebracht werden. Größer war die Bedeutung des Stückes als Lesedrama in den Zirkeln der literarischen und revolutionären Intelligenz. Es gab mehrere illegale Übersetzungen. Die in Moskau stammte von Lenins Schwester. Lenin selbst besuchte 1895 eine Aufführung im Deutschen Theater in Berlin.

Trotzdem kam der größte Teil von Hauptmanns Publikum nicht aus der Arbeiterschaft oder den kleinen Kreisen der literarischen Avantgarde und/oder revolutionären

Intelligenz, sondern aus dem sogenannten Bildungsbürgertum, bis weit in kleinbürgerliche und kleinstädtische Milieus hinein. Hier war man dem Autor besonders dafür dankbar, dass er dem Theater in Deutschland in eigenständiger und fasslicher Weise Anschluss an die europäische literarische Moderne vermittelte.

Im deutschen Sprachraum waren *Die Weber* als Buch und auf der Bühne ein großer Erfolg. Zwischen 1892 und 1942 erschienen verschiedene Ausgaben des Dramas in insgesamt 253 Auflagen. Auch die Taschenbuchausgabe, nach der im vorliegenden Lektüreschlüssel zitiert wird, lag 2004 bereits in der 24. Auflage vor. Längst gehören *Die Weber* zum Lektürekanon in den Schulen.

Es überrascht nicht, dass herausragende Inszenierungen den jeweils herrschenden Theaterstil widerspiegelten und prägten. So waren die Ur-Inszenierung Otto Brahms, die in zehn Jahren 352 Aufführungen erlebte, und die 1905 am Lessing-Theater Berlin folgende Neuinszenierung durch naturalistische Genauigkeit bestimmt. Die ältere hatte Milieu und Leidensaspekt stärker betont, die jüngere (zeitgleich mit einem großen Streik im Ruhrgebiet und der Revolution in Russland) mehr die Handlung herausgestellt und kämpferische Akzente gesetzt.

> Naturalistische / expressionistische / symbolisch-abstrakte und didaktische Regiekonzepte

In der Weimarer Republik folgten – wiederum in Berlin – bedeutende Inszenierungen, die auf die starken Effekte des expressionistischen Theaters setzten (riesige Bühnenräume, »Jessner«-Treppe als Hauptelement des Bühnenbildes, Massenchoreographie im Stil Max Reinhardts). Bei Szenen, in denen die dramatische Aktion im Vordergrund steht und der Sprechtext etwas zurücktritt, lassen sich Unterschiede im Regiestil und der Regiekonzeption besonders gut beobachten. So wurde der Schluss des Vierten Aktes als »wirklichkeitsgetreue« Zerstörung einer Zimmereinrichtung gespielt (wie bei einem Polterabend ging bei jeder Aufführung eine ganze Menge Porzellan Zweite-Wahl-Ware zu Bruch) oder als durch rhythmische Rufe gegliedertes Sich-Aufbäumen einer Menschenmenge oder als symbolisch überhöhte Konfrontation eines Einzelnen mit dem Luxus einer ihm fremden Welt (Ansorge – im Gegensatz zu Hauptmanns Vorgabe durch einen kleinen und schmächtigen Schauspieler dargestellt – betrachtet sich lange im riesigen, goldgerahmten Salonspiegel, bevor er diesen – und sein Bild darin – zertrümmert). Auch bestehen Zusammenhänge zwischen dem Theaterregiestil der Zeit und der Verfilmung der *Weber* unter der Regie von Friedrich Zelnik (1927).

Nach dem Zweiten Weltkrieg spiegelten modellhafte Inszenierungen die unterschiedliche kulturelle Entwicklung in den beiden Blöcken der politisch zweigeteilten Welt wider. Die abstrakte Moderne, die in der bildenden Kunst im Westen weithin das Feld beherrschte, zeigte sich auch im Bühnenstil. So drängte Hans Schalla, der Intendant des Bochumer Schauspielhauses, die historischen Elemente zurück (Kostüme und Bühnenbild wurden nur angedeutet), setzte auf Abstraktion und inszenierte *Die Weber* als zeitlose Parabel vom Leiden des Menschen (Bochum 1947 und Ruhrfestspiele 1962).

Umgekehrt wurden in einer Welt, in der der Sozialistische Realismus auch nach Stalins Tod die einzige offiziell anerkannte Kunstform war und in der man im Besitz einer »wissenschaftlichen« Weltanschauung genaue Kenntnis vom endgültigen Sieg der Arbeiterklasse hatte, politische und belehrende Elemente in den Vordergrund gestellt (Einblendung von Marx-Zitaten: (Ost-)Berliner Volksbühne 1957, Schluss nicht mit dem Tod Hilses, sondern mit dem Sieg der Weber: Görlitz und Zwickau 1962). In intelligenterer Weise ist auch das Theater Bertolt Brechts didaktisch. Durch Anwendung des Verfremdungseffektes (das Stehen des Schauspielers »neben« seiner Rolle) z. B. auf die Figur Dreißigers kann herausgearbeitet werden, dass es nicht nur um die Haltung eines gründerzeitlichen Kapitalisten geht, sondern um die auch in der Gegenwart auffindbare Machtausübung des Trägers einer Funktionsrolle (Schauspielhaus Bochum 1982, mit einem Schauspieler aus der Brecht-Schule).

Zwischen 1914 und 1918 sowie 1939 und 1945 hat es keine Aufführungen der *Weber* gegeben. In Kriegszeiten, in denen der sogenannte Burgfrieden (I. Weltkrieg) oder die sogenannte Volksgemeinschaft (II. Weltkrieg) im Dienst eines einheitlichen Sieges- und Verteidigungswillens alle innenpolitischen Gegensätze überbrücken sollten, war ein Theaterstück nicht opportun, das die Klassengegensätze so deutlich thematisierte. Anderseits verwundert es nicht, dass *Die Weber* besonders in Zeiten sozialer Not und Unsicherheit auf der Bühne erschienen, so in den Anfangs- und Endjahren der Weimarer Republik und nach dem Zusammenbruch 1945. Allein zwischen 1946 und 1949 gab es in den deutschen und österreichischen Besatzungszonen 17 Inszenierungen. In den folgenden Jahren nahm die Zahl kontinuierlich ab (1950–59: 14, 1960–69: 10, 1970–79: 8, 1980–89: 6, 1990–2005: 8).

Kaum jemand hätte sich vorstellen können, dass *Die Weber* über hundert Jahre nach der Uraufführung noch einen Theaterskandal erregen und zu einem Verbotsprozess führen würden. Tatsächlich ist beides 2004 in Dresden passiert. Regisseur und Dramaturg am Staatsschauspiel Dresden hatten in einer zeitnahen Adaption von Hauptmanns Stück das Weberelend im 19. Jahrhundert mit der Situation der Arbeitslosen in der Gegenwart kurzgeschlossen. Eine Gruppe von Laienschauspielern, die meisten von ihnen reale Arbeitslose, repräsentiert als die Handlung begleitender Chor Volkes Stimme. Die Darsteller hatten ihren Text anhand von Fragen zu ihrer Situation, ihren Schuldzuweisungen, ihren Wünschen und Träumen selbst erarbeitet. Aus den Gefühlen von Ohnmacht und Verzweiflung entsprangen dabei gespenstische Hassphantasien (samt Aggression gegen namentlich genannte Größen aus Politik und Fernsehen, was zu den Verbotsanträgen führte). Die verbale Gewalt bereitete die physische Gewalt (hier das lustvolle Zerstören von Dreißigers goldlackiertem Mercedes) vor. So wurde überdeutlich, wie viele (unaufgeklärte) Gewaltwünsche und Gewalthandlungen auch in Hauptmanns Original stecken.

Neben der Lektüre und der Aufführung/Verfilmung gibt es andere Formen der Aneignung eines literarischen Werkes. Eine davon ist die literaturwissenschaftliche Interpretation, die entlang den Moden und Paradigmenwechseln des Faches ihre eigene Geschichte hat. Eine andere die Übertragung in das Medium der bildenden Kunst. Käthe Kollwitz (1867–1945) ist durch Hauptmanns Werk zu einem bedeutenden Graphikzyklus angeregt worden.

Aus dem Blickwinkel der Literaturwissenschaft, der bildenden Kunst und anderer literarischer Werke

Wieder eine andere Form der Aneignung ist das literarische Zitat im Gespräch zwischen Autoren. In zwei Szenen seines Dramas *Germania Tod in Berlin* lässt Heiner Müller (1929–95) den alten Hilse auftreten. In der Szene

»Das Arbeiterdenkmal« ist er ein Maurer, der es ablehnt, sich am Streik der Bauarbeiter am 17. Juni 1953 in Berlin zu beteiligen und dafür von Halbstarken mit Steinen beworfen wird. Wie bei Hauptmann endet das Stück mit dem Tod Hilses, der bei Heiner Müller in der Krebsstation einer Klinik stirbt (»Tod in Berlin 2«). Im Gegensatz zu Hauptmann braucht bei Müller niemandem »orntlich angst werd'n« (71,24), denn die in einer jungen Proletarierin wiederauferstandene Rosa Luxemburg prophezeit Hilse rote Fahnen über Rhein und Ruhr und Hilse behält sterbend das letzte Wort. Sich an das Kinderspiel »Maurer und Kapitalist« erinnernd, spricht er seine Zukunftsvision aus: »Und niemand will der Kapitalist sein«.

9. Checkliste

Erstinformation

1. Warum ist es schwierig, den Charakter des *Weber*-Dramas (Mitleidsdrama oder sozialrevolutionäres Stück) genau zu bestimmen?
2. Erläutern Sie Voraussetzungen (Texttheorie: Wer bestimmt den Sinn eines Textes?) und Folgen (Was ist die richtige Auslegung?) der Anschauung, bei den *Webern* seien inhaltliche Aussagen und Rezeptionsgeschichte eine untrennbare Verbindung eingegangen.
3. Warum sind *Die Weber* kein Historiendrama?
4. Zeigen Sie, dass bei Gerhart Hauptmann der forschende sachliche Blick und persönliche Anteilnahme nebeneinander bestehen.

Inhalt

1. Zeichnen Sie anhand der Regieanweisungen Grundrisse (evtl. auch Ansichtsskizzen) der Bühnenbilder zu den fünf Akten.
2. Wo finden sich in den Regieanweisungen objektive Beschreibungen, wo Wertungen, Deutungen, symbolische Anspielungen (des epischen Ichs)?
3. In welcher Weise verklammert Hauptmann im 1. Akt die – eigentlich voneinander getrennten – Warenannahmevorgänge miteinander?
4. Welche Funktion hat ein »Bote aus der Fremde« (wie Jäger) innerhalb eines geschlossenen Handlungsraumes?

5. An welchen Stellen und in welcher Weise wird im 3. Akt das gesellschaftliche Höher und Tiefer thematisiert?
6. Wie übersetzt Hauptmann soziale Tatbestände in Bühnengeschehen?
7. Wie wird die gedrückte Lage der Weber auf der Bühne veranschaulicht?
8. Wie zeigt sich (insbesondere im 3. Akt) die Feindschaft zwischen den Klassen?
9. Bestimmen Sie die Stellung aller im 4. Akt auftretenden Personen zu Dreißiger und die Haltung, die sie ihm gegenüber einnehmen.

Figurenkonstellation

1. Welche Personen (Personengruppen) sind in den einzelnen Akten jeweils Hauptträger der Handlung?
2. Baumert ist die einzige Figur, die in allen fünf Akten des Dramas auftritt. Was sind die Gründe und Folgen der geringen Figuren-Konstanz?
3. An welchen Stellen und in welcher Weise werden nicht auf der Bühne anwesende Personen vergegenwärtigt?
4. Es gibt in den *Webern* fast nur gemischte Charaktere. Welche Fehler und Schwächen zeigen sich bei insgesamt mit Sympathie gezeichneten Weberfiguren?
5. Das Gegenüber von Luise Hilse und dem alten Hilse ist als Aufeinandertreffen zweier individueller Charaktere mit eigenständiger Ideenwelt oder nur zweier Typen mit aus den Lebensumständen erklärbaren Interessen beschrieben worden. Was spricht für die eine, was für die andere Auffassung?

Schauplätze und Zeitverlauf

1. An welchen Stellen kommen in den *Webern* Mauerschau und Botenbericht vor?
2. Bestimmen Sie die funktionale und die symbolische Bedeutung von Handlungsräumen.
3. Wie gelingt es dem Autor, an nur fünf Schauplätzen eine Vielzahl von Aktionen ablaufen zu lassen?

Interpretation

1. Untersuchen Sie den Text unter dem Gesichtspunkt der Sprechhandlungen. Wo tritt nicht-dialogisches Sprechen auf: adressatenlose Selbstaussagen, (verkappte) Selbstgespräche o. Ä.? Was bedeutet es für das Weltbild des Stückes, wenn die Menschen nicht im Gespräch miteinander kommunizieren?
2. Stellen Sie (besonders aus den Akten 3 und 4) Beispiele für Komik in den *Webern* zusammen: Sprachkomik, Situationskomik, »Gags«, karikierende Personenzeichnung.
3. Sammeln Sie – unter Verwendung der auf S. 54 genannten Kategorien – Belege für die Mangelsituation der Weber auf allen Lebensgebieten.
4. Wer (oder was) ist der Held des Dramas?
5. Hauptmann hat die dramatische Kurve der *Weber* so beschrieben: Akt I bis IV zeigen einen immer steileren Anstieg der Handlung, Akt V den Absturz. Weisen Sie die Steigerung in den ersten vier Akten genau nach.
5. Wo finden sich im Handlungsablauf der *Weber* Brüche und Sprünge?

6. An welchen Stellen wird das hinter der Dramenhandlung stehende epische Ich fassbar?
7. Analysieren Sie eine der Konfliktszenen (vgl. S. 59) genau. Wodurch wird der Konflikt jeweils geschaffen/vorangetrieben? Wie wird Bühnenwirksamkeit erreicht?
8. Welche Bedeutung haben Dreh-/Kreiselbewegungen?
9. Welche Aspekte von Recht (tun, bekommen, sich verschaffen, vorenthalten, fordern, vorspiegeln) werden in den *Webern* entfaltet?
10. Welche religiösen Überzeugungen sind für den alten Hilse bestimmend? Wie setzt er sie in seinem Leben um?
11. Wie reagieren Hilses Angehörige auf seine Überzeugungen und Forderungen (argumentative Auseinandersetzung, im Handeln erkennbare Annahme oder Ablehnung)?
12. Welche Frauenbilder (welche Aspekte der Aufgaben und des Schicksals von Frauen) werden in den *Webern* gezeigt?
13. Warum werden Hauptmanns *Weber* mit Recht ein beispielhaftes soziales Drama genannt?
14. Inwiefern übersteigt das Stück den Rahmen eines sozialen Dramas?

Autor und Zeit

1. Welche Faktoren haben zu Hauptmanns großem Erfolg beim Publikum beigetragen?
2. Warum kann Hauptmann für sich selbst zwei so unterschiedliche Zeiten wie das Kaiserreich und die Weimarer Republik als *eine* Epoche auffassen?

3. Welche politischen Stellungnahmen (und Handlungen) Hauptmanns zeigen Mut und Vernunft, welche Schwäche und Kurzsichtigkeit?

Rezeption

1. Welche Rolle spielen jeweils die politisch-sozialen Zeitumstände für die Rezeption der *Weber*?
2. Welche Aspekte im Stück haben zu einem so großen Erfolg des Werkes bei anarchistisch-sozialistischen Kreisen einerseits und anderseits bei besitz- und bildungsbürgerlichen Kreisen geführt?
3. Zur Aktualisierung (wie in Dresden) ist gesagt worden, erst deutliche Eingriffe in einen (alten) Text ließen diesen wieder in seiner Bedeutung sichtbar und also dringlich werden, aber auch, ein traditionsreiches Drama werde als Trittbrett für derzeit herrschende Volkserregungen benutzt und also dem Zeitgeist geopfert. Welche Voraussetzungen (Vorwegannahmen über Hauptmanns Stück und die Aufgabe des Theaters) führen jeweils zum einen oder anderen Urteil? Was müsste ein Regisseur / eine Aufführung leisten, um den ersten Punkt nicht zu verfehlen und die zweite Gefahr zu vermeiden?

10. Lektüretipps/Filmempfehlungen

Eine literaturwissenschaftlich sorgfältig erarbeitete Textausgabe der *Weber* findet sich in:

Gerhart Hauptmann: Sämtliche Werke. Centenar-Ausgabe zum hundertsten Geburtstag des Dichters. Hrsg. von E.-H. Hass [u.a.] Frankfurt a.M. / Berlin / Wien, 1962–74. Paralleldruck von *De Waber* und *Die Weber* in Bd. 1, S. 319–479.

Die Centenar-Ausgabe ist eine Leseausgabe ohne Angabe von Textvarianten und Lesarten und ohne Kommentar oder Erläuterungen. Eine historisch-kritische Ausgabe der Werke Gerhart Hauptmanns gibt es (noch?) nicht.

Als weiteres Werk des Autors sei *Der Biberpelz* (verschiedene preiswerte Ausgaben im Buchhandel erhältlich, leider vergriffen die vorzügliche Hörbuchfassung mit Theo Lingen und Lucie Mannheim) sehr empfohlen, weil diese Diebskomödie zu den wenigen nicht banalen und herzhaft komischen Lustspielen der deutschen Literatur gehört. Man wird viele aus den *Webern* bekannte Züge wiederfinden (genaue Milieuzeichnung, unparteiisch treffende Darstellung der Charaktere, bühnenwirksame Spannung, Entwicklung der Figuren aus ihrer Sprache, »offenes« Ende).

Einer der »Kirchenväter« des Naturalismus, Emile Zola (1840–1902), hat in dem Roman *Germinal* (1885) einen kurz zuvor blutig niedergeschlagenen Bergarbeiterstreik literarisch verarbeitet (deutsche Übersetzung in Reclams Universal-Bibliothek, 4928). Der Roman ist ein Meisterwerk. Wer ihn mit Hauptmanns *Webern* vergleicht, wird frappierende Übereinstimmungen und tiefgreifende Unterschiede beobachten. Dabei sind die Übereinstimmungen sachlich und strukturell bedingt, nicht dadurch, dass Hauptmann etwas übernommen hätte (Verelendung einer ganzen Region, Einbeziehung von Frauen und Kindern in das Arbeitselend, Verknüpfung von materiellem und moralischem Elend, Konfrontation von Proletariern und bürgerlichen Besitzenden, Führerschaft eines aufsässigen jungen Arbeiters). Die Unterschiede hängen mit der fortgeschritteneren gesellschaftlichen Entwicklung in Frankreich zusammen (Zola wählt als Protagonisten Bergleute, d.h. in der modernen Grundstoffindustrie Tätige mit entsprechend höherem politischem Bewusstsein wenigstens eines Teils der Betroffenen) und natürlich mit dem literarischen Temperament Zolas (unverhüllte Darstellung der Sexualität, in der Arbeiterinnen und Arbeiter Vergessen ihres Elends suchen).

In der Reihe *Rowohlts Monographien*, in der man in der Regel eine anschauliche Erstinformation zu einem Autor (Künstler usw.) findet, liegt vor:

Gerhart Hauptmann mit Selbstzeugnissen und Bilddokumenten dargest. von Kurt Lothar Tank. Hamburg 1959 ([27]2003).

Die Bilddokumente sind wertvoll, z.B. S. 52/53 das Bühnenbild einer Weber-Inszenierung von Max Reinhardt mit echtem Webstuhl auf der Bühne. Der Text ist als Einführung wenig brauchbar, weil der Autor ihm wichtig erscheinende theoretische Gesichtspunkte herausstellen möchte und dadurch die Chronologie verunklärt.

10. LEKTÜRETIPPS/FILMEMPFEHLUNGEN

Ein vorzügliches Arbeitsinstrument für jede weitere Beschäftigung mit Gerhart Hauptmann ist:

Peter Sprengel: Gerhart Hauptmann. Epoche – Werk – Wirkung. München 1984. (Beck'sche Elementarbücher/Arbeitsbücher zur Literaturgeschichte.)

Man findet den Wissens- und Diskussionsstand zu Gerhart Hauptmann (bis 1984) übersichtlich zusammengestellt in einem Einführungskapitel zum Naturalismus sowie Einzelkapiteln zu 17 wichtigen Werken, einer synoptischen Tabelle zu G. Hauptmann und seiner Zeit und einer Gesamtbibliographie.

Von der Literatur zum Drama soll nur ein Titel genannt werden:

Peter Szondi: Theorie des modernen Dramas. Frankfurt a. M. 1956 (^{24}2004).

Es gibt wenige literaturwissenschaftliche Arbeiten, die auf so kleinem Raum (rund 130 Seiten; außer Zitatnachweisen keine Fußnoten) so viele vortreffliche Beobachtungen und scharfsinnige Gedanken enthalten. Szondis Arbeit ist ein klassischer Text, der – ähnlich wie z. B. Arbeiten von Sigmund Freud – seinen Wert behält, selbst wenn zu verschiedenen einzelnen Urteilen und Ergebnissen inzwischen Korrekturen vorgetragen worden sind.

Hinzuweisen ist noch auf die Verfilmung der *Weber* von 1927. Regie: Friedrich Zelnik, Drehbuch: Willy Haas und Fanny Carlsen.

Anmerkungen

1 Sigfrid Hoefert, *Gerhart Hauptmann*, Stuttgart 1974 (Sammlung Metzler, 107), S. 22.
2 Dagmar Walach, *Erläuterungen und Dokumente, Gerhart Hauptmann, »Die Weber«*, Stuttgart 1999 (Reclams Universal-Bibliothek, 16014), S. 101.
3 G. Hauptmann, *Das Abenteuer meiner Jugend*, zitiert nach: Walach (Anm. 2), S. 61.
4 Seiten- und Zeilenangaben folgen der Taschenbuch-Ausgabe: G. Hauptmann, *Die Weber*. Vollständiger Text des Schauspiels. Dokumente, hrsg. von Hans Schwab-Felisch, Frankfurt a.M. / Berlin / Wien [7]2003 (Ullstein-Buch, 24047 = Dichtung und Wirklichkeit, 1). In dieser Ausgabe finden sich auch der vollständige Text des Weberliedes, das Gedicht von Heine, Beispiele für das erwähnte Presse-Echo sowie weitere Materialien zum Zensur-Prozess und zur Rezeption des Dramas.
5 In einem Brief an Otto Brahm, zitiert bei Walach (Anm. 2), S. 151f.
6 Volker Klotz, *Geschlossene und offene Form im Drama*, München 1969 ([10]1980).
7 In der Lese- und Bühnenfassung Nr. 19: »Marie mit Mädchen vor der Haustür«.
8 Zu Carl F.W. Behl, zitiert nach: Franz-Josef Payrhuber, *Literaturwissen für Schüler, Gerhart Hauptmann*, Stuttgart 1998 (Reclams Universal-Bibliothek, 15215), S. 26.
9 Julius Bab, *Hat sich Hauptmann mit den Nazis eingelassen?* in: *Aufbau* II (1946), S. 434ff.

Raum für Notizen

Lektüreschlüssel für Schüler

Andersch: *Sansibar oder der letzte Grund.* 96 S. UB 15311
Jurek Becker: *Jakob der Lügner.* 80 S. UB 15346
Böll: *Die verlorene Ehre der Katharina Blum.* 66 S. UB 15364
Brecht: *Der kaukasische Kreidekreis.* 96 S. UB 15351
Brecht: *Leben des Galilei.* 91 S. UB 15320
Brecht: *Mutter Courage.* 95 S. UB 15329
Büchner: *Dantons Tod.* 96 S. UB 15344
Büchner: *Leonce und Lena.* 96 S. UB 15319
Büchner: *Woyzeck.* 96 S. UB 15339
Camus: *L'Étranger.* 93 S. UB 15357
Döblin: *Berlin Alexanderplatz.* 89 S. UB 15317
Droste-Hülshoff: *Die Judenbuche.* 53 S. UB 15305
Dürrenmatt: *Die Physiker.* 77 S. UB 15302
Eichendorff: *Aus dem Leben eines Taugenichts.* 88 S. UB 15306
Fontane: *Effi Briest.* 87 S. UB 15327
Fontane: *Irrungen. Wirrungen.* 88 S. UB 15367
Fontane: *Unterm Birnbaum.* 82 S. UB 15307
Frisch: *Andorra.* 78 S. UB 15332
Frisch: *Biedermann und die Brandstifter.* 84 S. UB 15330
Frisch: *Homo faber.* 87 S. UB 15303
Goethe: *Faust I.* 69 S. UB 15301
Goethe: *Götz von Berlichingen.* 71 S. UB 15331

Goethe: *Iphigenie auf Tauris.* 72 S. UB 15350
Goethe: *Die Leiden des jungen Werther.* 75 S. UB 15312
Gotthelf: *Die schwarze Spinne.* 79 S. UB 15336
Grass: *Im Krebsgang.* 96 S. UB 15338
Grass: *Katz und Maus.* 79 S. UB 15304
Hauptmann: *Bahnwärter Thiel.* 70 S. UB 15314
Hauptmann: *Die Weber.* 91. S. UB 15368
Hebbel: *Maria Magdalena.* 83 S. UB 15361
Heine: *Deutschland. Ein Wintermärchen.* 79 S. UB 15325
Hesse: *Unterm Rad.* 96 S. UB 15340
E.T.A. Hoffmann: *Das Fräulein von Scuderi.* 74 S. UB 15321
E.T.A. Hoffmann: *Der goldne Topf.* 74 S. UB 15326
E.T.A. Hoffmann: *Der Sandmann.* 72 S. UB 15354
Horváth: *Jugend ohne Gott.* 92 S. UB 15369
Huxley: *Brave New World. Schöne neue Welt.* 79 S. UB 15366
Ibsen: *Nora (Ein Puppenheim).* 80 S. UB 15360
Kafka: *Der Proceß.* 96 S. UB 15371
Kafka: *Die Verwandlung.* 94 S. UB 15342
Keller: *Kleider machen Leute.* 87 S. UB 15313
Keller: *Romeo und Julia auf dem Dorfe.* 87 S. UB 15324
Kleist: *Das Erdbeben in Chili.* 79 S. UB 15322
Kleist: *Michael Kohlhaas.* 79 S. UB 15334
Kleist: *Der zerbrochne Krug.* 85 S. UB 15333
Lessing: *Emilia Galotti.* 93 S. UB 15318
Lessing: *Minna von Barnhelm.* 60 S. UB 15323
Lessing: *Nathan der Weise.* 96 S. UB 15316

Thomas Mann: *Mario und der Zauberer*. 72 S. UB 15343
Thomas Mann: *Der Tod in Venedig*. 96 S. UB 15358
Thomas Mann: *Tonio Kröger*. 67 S. UB 15309
Musil: *Die Verwirrungen des Zöglings Törleß*. 96 S. UB 15345
Orwell: *1984*. 68 S. UB 15362
Rhue: *The Wave*. 62 S. UB 15355
Schiller: *Don Karlos*. 88 S. UB 15352
Schiller: *Kabale und Liebe*. 70 S. UB 15335
Schiller: *Maria Stuart*. 84 S. UB 15310
Schiller: *Die Räuber*. 90 S. UB 15328
Schiller: *Der Verbrecher aus verlorener Ehre*. 88 S. UB 15353
Schiller: *Wilhelm Tell*. 78 S. UB 15337
Schlink: *Der Vorleser*. 77 S. UB 15359
Schneider: *Schlafes Bruder*. 72 S. UB 15372
Shakespeare: *Romeo and Juliet*. 68 S. UB 15341
Sophokles: *Antigone*. 83 S. UB 15348
Sophokles: *König Ödipus*. 87 S. UB 15356
Storm: *Der Schimmelreiter*. 96 S. UB 15315
Süskind: *Das Parfum*. 93 S. UB 15370
Tieck: *Der blonde Eckbert*. 88 S. UB 15349
Wedekind: *Frühlings Erwachen*. 64 S. UB 15308
Zuckmayer: *Der Hauptmann von Köpenick*. 96 S. UB 15347
Zweig: *Schachnovelle*. 82 S. UB 15365

Reclam